Fichier d'activités 2

Grand large

Méthode de lecture **CP**

CYCLE 2

Denis Chauvet
Professeur des Écoles Maître Formateur

Olivier Tertre
Professeur des Écoles Maître Formateur

avec la collaboration
de **Françoise Cancalon-Thomas**, Conseillère pédagogique

Illustrations de **Marie-Anne Bonneterre**

BELIN
8, rue Férou 75278 Paris cedex 06
www.editions-belin.com

Fichier d'activités 1

Sommaire

				Phonèmes	Graphèmes
Découverte du fichier					
	Appropriation du fichier	6		a/i	
De la maternelle au CP					
1	Les voyelles	10		a/i	
2	L'alphabet	14		o	
3	La semaine de Lulu	18		u	
Dans la rue					
Épisode 1	Lundi	22		e/i/u/o	
Épisode 2	Mardi-Mercredi	26		r	r
Épisode 3	Jeudi-Vendredi	30		l/r	l/r
Épisode 4	Samedi-Dimanche	33		s	s/c
Documentaire 1	Le code de la route	36			
Dans la jungle de Balawé					
Épisode 1	Dans la jungle…	38		m/p/v	m/p/v
Épisode 2	« Je ne sais plus… »	42		d/n/b	d/n/b
Épisode 3	Un jour, en rêvant…	46		f/j/t	f/j/t
Épisode 4	« Baissez la patte ! »…	50		è	ai/è/e
Épisode 5	Hugo dit alors…	54		ou	ou
Épisode 6	« C'est fatigant »…	58			
Documentaire 2	Les animaux d'Afrique	60			

Étiquettes à découper 65

Illustrations

Les illustrations sont de **Marie-Anne Bonneterre** sauf :

- Couverture de **Frédéric Pillot**
- Les personnages de « Princesse » (p. 4 à 26) de **Grégoire Mabire**
- Les personnages d'« Akli le jeune berger et le loup » (p. 28 à 51) d'**Ourida Dif**
- Les personnages de « L'oiseau de feu et le loup gris » (p. 56 à 77) de **Sacha Poliakova.**

ISBN 978-2-7011-**4236**-4

Fichier d'activités 2

Sommaire

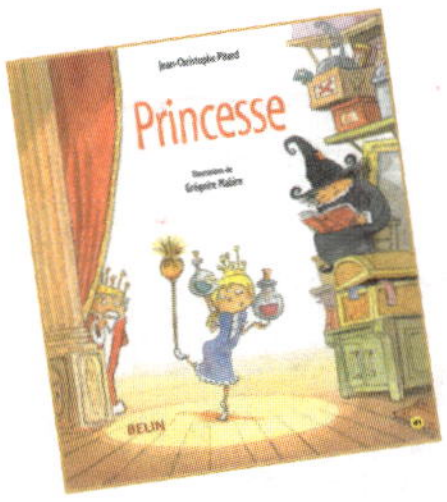

Princesse

			Phonèmes	Graphèmes
Épisode 1	Il était une fois…	4	oi	oi
Épisode 2	Le roi et la reine…	8	en	an/en
Épisode 3	Le lendemain, Princesse…	11	oi/ou/è/en	oi/ou/ai/e/è/an/en
Épisode 4	Le jour suivant…	14	ch/f/ h muet	ch/ph/h
Épisode 5	Princesse s'enfonça…	17	é	é/er/ez
Épisode 6	Au petit matin…	21	on	on/om
Épisode 7	Princesse grimpa…	24	synthèse	synthèse
Documentaire 3	Les sorcières au Moyen Âge	27		

Akli, le jeune berger et le loup

			Phonèmes	Graphèmes
	Carte d'identité du livre	28		
Épisode 1	Akli, un jeune…	29	k	c/k/qu
Épisode 2	Lorsqu'il revenait…	32	valeur du « c » s k ch	c/ch
Épisode 3	Tous les matins…	34	o	au/eau/o
Épisode 4	Un beau matin…	36	valeur du « g » g j gn	g/ge/gn
Épisode 5	Le lendemain matin…	38	g j	gu/g
Épisode 6	Tout penaud…	40	in	in/im/ain/un
Épisode 7	Le jeune loup…	42	in ☒ in	in/im/ain/un
Épisode 8	Le jeune loup…	44	eu	eu
Épisode 9	Lorsque Akli…	46	o (ouvert)	o
Épisode 10	Il retourna vite…	47	gr/tr/br	gr/tr/br
Épisode 11	À ces mots…	49	cr/dr/fr	cr/dr/fr
Documentaire 4	Le mouton et sa famille	52		

L'oiseau de feu et le loup gris

			Phonèmes	Graphèmes
	Carte d'identité du livre	56	Tout au long de cette histoire seront travaillées les lettres muettes dont « s » et « nt ».	
Prélude		57		
Épisode 1	Il y a bien longtemps…	58	ill	ill
Épisode 2	Il appela alors…	60	eill/aill/euill	eil(l)/ail(l)/euil(l)
Épisode 3	Au petit matin…	62	valeur du « s » s/ s muet z	s/ss
Épisode 4	Après trois jours…	64	en ☒ en	an/am/en/em
Épisode 5	Ivan ne put résister…	66	in/è	ain/ain+voyelle
Épisode 6	Le loup gris franchit…	68	in/è	ein/ein+voyelle
Épisode 7	« Pourquoi pleures-tu… »	70	s	s/ss/c/ç/tion
Épisode 8	Ivan Tzarévitch mena…	72		
Épisode 9	Hélène-la-Belle et Ivan…	74	in/on/ion/oin	in/on/ion/oin
Épisode 10	À leur réveil…	76		
Documentaire 5	L'école autrefois	78		

Étiquettes à découper 81

date :

Princesse **Épisode 1**

Il était une fois une princesse, qui s'appelait justement Princesse.
Cette princesse, douce et jolie, voulait depuis toujours devenir sorcière.

Un matin, le roi, son père, lui dit : « Une princesse comme toi, si douce, si jolie, ne peut pas faire une bonne sorcière. Tu es faite pour devenir la femme d'un roi, comme ta mère. »
Comme toujours Princesse répondit : « Je ne suis pas méchante, mais je veux être sorcière. »

1 Écris le mot qui convient.

un une

un père — une sorcière — une princesse

une mère — un roi — une femme

tb

2 Écris la bonne réponse.

vrai faux

La princesse s'appelle Princesse. vrai b.

Princesse est méchante. faux

Princesse veut devenir sorcière. ~~vrai~~ vrai

Princesse veut devenir reine. faux

3 Copie ce que répond Princesse.

date : ,

oi oi

Pour commencer *Écris les mots fréquents.*

1	2	3	4	5

1 **Repère** la syllabe où tu entends oi comme dans  et **coche** l'arc correspondant.

2 **Recopie** les mots de l'Épisode 1 où tu entends oi.

oi comme dans 	1. roi	2. ~~jolie~~ fois	3. ~~tes~~ toi

3 **Écris** les mots suivants dans la bonne colonne.

le roi · Princesse · la mère · la princesse · le père

1. princesse	1. le père	1. la mère
2. le princesse	2. le roi	

4 **Écris** la phrase dans l'ordre.

veut · depuis toujours · Princesse · sorcière. · devenir

Princesse veut depuis toujours devenir sorcière.

date :

Pour commencer Écris les syllabes dictées.

1 ______ 2 ______ 3 ______ 4 ______ 5 ______

6 ______ 7 ______ 8 ______ 9 ______ 10 ______

1 Écris le numéro de chaque dessin à côté du mot correspondant.

oiseau	5
miroir	9
mouchoir	7
roi	1
poisson	~~6~~ 3
balançoire	6
poire	~~3~~ 2
tiroir	~~4~~ 8
trois	~~8~~ 4

1

2

3

4

5

6

7

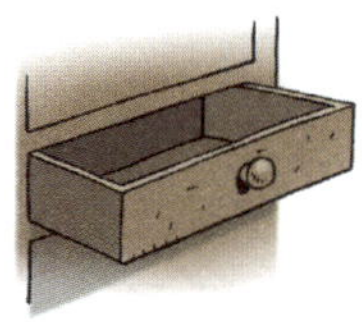
8

9

2 Classe les mots dans la bonne colonne.

jolie | voiture | quoi | idiot | droit | poire | aide | crocodile | joie

oi comme dans 	~~oi~~
1. voiture	1. jolie
2. quoi	2. idiot
3. ~~droit~~	3. aide
4. poire	4. crocodile
5. joie	

date :

Pour commencer Écris les mots en t'aidant des syllabes.

lettes · bou · toi · gle · voi · rè · hi · ture

voiture

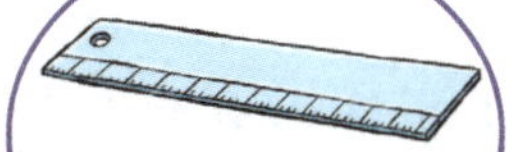

règle

hibou

toilettes

1 **Colle** les personnages sous les mots encadrés. page 83

Un matin, **le roi**, **son père**, **lui** dit : « une **princesse** comme **toi** si douce, si jolie, ne peut faire une bonne sorcière. **Tu** es faite pour devenir la femme d'un roi, comme **ta mère**. »

2 **Complète** avec les mots suivants.

méchante · douce · sorcière · jolie

Je suis jolie et douce. Je veux devenir sorcière mais je ne suis pas méchante.

3 **Dessine** ce que dit la phrase.

Princesse est dans une voiture avec le roi.

date : ,

Princesse **Épisode 2**

Le roi et la reine étaient malheureux. Ils demandèrent conseil à Antoinette, la nounou de Princesse.

« J'**ai** une idée. Je **vais** téléphoner à Marie-Fistule, mon amie d'**enfance**. Elle est sorcière diplômée. Princesse ira ch**ez** elle **pendant** quelques **jours**. Elle verra que c'est **un** horrible métier », dit sa nourrice.

1 **Trace** un arc sous la première syllabe et **écris**-la.

nounou	pendant	horrible	Princesse
nou	pen	horr	Princesse

2 **Écris** les bons mots et **dessine** le personnage qui parle.

(idée / épi) (téléviser / téléphoner)

« J'ai une idée. Je vais ~~téléviser~~ téléphoner à Marie-Fistule,

(enfance / en face) (déplorable / diplômée)

mon amie d' ~~en face~~ enfance. Elle est sorcière ~~déplorable~~ diplômée,

(jours / tours)

Princesse ira chez elle quelques jours.

(honorable / horrible)

Elle verra que c'est un ~~honorable~~ horrible métier. »

date : ,

Pour commencer Coche quand tu entends en.

1 ☒ 2 ☒ 3 ☒ 4 ○ 5 ○ 6 ☒ 7 ☒ 8 ○

1 **Recopie** les mots de l'Épisode 2 où tu entends en.

en comme dans (dent)	
1. ~~malheureux~~ Antoinette	2. enfance
3. ~~pendendene~~ enfance	4. ~~le neu nette~~ pendant

2 **Complète** avec les mots suivants.

Le roi et la reine | Marie-Fistule | Antoinette

le roi et la reine demandèrent conseil

à mari Fistule .

Princesse ira chez Antoinette .

3 **Écris** la phrase dans l'ordre.

~~Princesse~~ | le métier de sorcière. | pour apprendre

chez Marie-Fistule | ~~va~~

Princesse va chez marie-Fistule

le métier de sorcière pour apprendre

date : ,

en | an en

Pour commencer **Écris les mots en t'aidant des syllabes.**

lon   ba   çoire   te   pan   lan   ta   tren

pentelon

balençoire

30

tte tte trente

1 Classe les mots dans la bonne colonne.

amie   Antoinette   enfance   justement   devenir

méchante   dans   ne

en comme dans 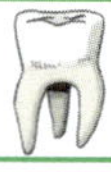	~~en~~
1. ~~[illegible]~~ Antoinette	1. ne
2. dans	2. ~~a~~ amie
3. devenir	3. justement
4. enfance	
5. méchante	

2 Invente ce que Marie-Fistule répond en t'aidant du dico.

date : ,

Princesse **Épisode 3**

Le **lendemain**, Princesse partit chez Marie-Fistule. Elle traversa des marécages qui **sentaient** le fromage, des prairies qui **sentaient** le pourri et des vallées qui **sentaient** les pieds.

Elle arriva enfin devant la maison de Marie-Fistule. « C'est à cette heure que tu arrives ? Va t'habiller et mets-toi au travail ! » dit la petite femme. Princesse enfila son tablier et éplucha des grenouilles. Elle commençait à regretter le château.

1 **Écris** les mots fréquents qui sont dans le texte.

ez ch — chez

s c' e t — c'est

ll e e — elle

s e d — sed

q i u — qui

2 **Trouve** le mot dans l'**Épisode 3** et **écris**-le sous le dessin correspondant.

 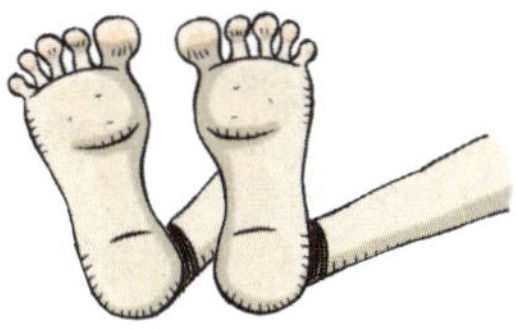   

3 **Colorie** les bonnes cases pour trouver la phrase cachée.

Princesse	alla	les	tablier	et	éplucha	la	maison.
Le roi	enfila	son	pieds	château	heure	des	grenouilles.

Recopie-la…

Princesse enfila

… et illustre-la.

date :

Pour commencer Écris les *mots fréquents.*

1	2	3	4	5

1 Complète.

ai an oi ou

une ét___le

une ch___se

une ar___gnée

une or___ge

une s___ris

un m___teau

2 Classe les mots dans la bonne colonne.

douce enfance toi Antoinette Antoinette Antoinette
pourri maison lendemain sorcière grenouille

oi comme dans 	ou comme dans 	è comme dans 	en comme dans 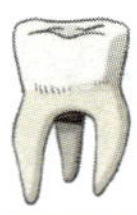
1. ___	1. ___	1. ___	1. ___
2. ___	2. ___	2. ___	2. ___
	3. ___	3. ___	3. ___

3 Colorie le bon résumé.

Princesse se rendit chez Marie-Fistule. La sorcière lui dit : « Va jouer ! »	Princesse se rendit chez Marie-Fistule. Elle se mit aussitôt au travail.	Princesse se rendit au château de Marie-Fistule. Marie-Fistule éplucha des grenouilles.

Pour commencer Écris les syllabes dictées.

1 ______ 2 ______ 3 ______ 4 ______ 5 ______

6 ______ 7 ______ 8 ______ 9 ______ 10 ______

1 Écris le numéro de chaque dessin à côté du mot correspondant.

banc	
loup	
raisin	
route	
danse	
balai	
croissant	
toit	
flèche	

1

2

3

4

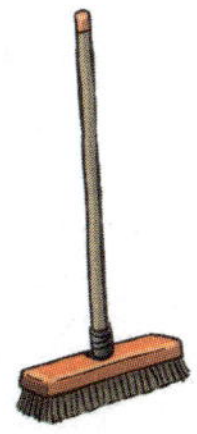
5

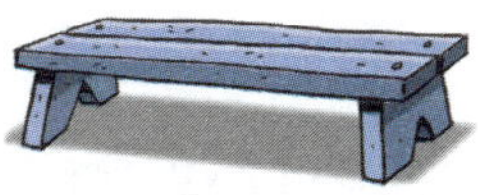
6

7

8

9

2 Complète avec le mot qui convient.

le — le — la — les — ~~des~~ — des — des

Elle traversa des marécages qui sentaient ____ fromage, ____ prairies qui sentaient ____ pourri et ____ vallées qui sentaient ____ pieds. Elle arriva enfin devant ____ maison de Marie-Fistule.

3 Colle les personnages sous les mots encadrés.

page 83

« C'est à cette heure que **tu** arrives ? Va t'habiller et mets-**toi** au travail ! » dit **la petite femme**. **Princesse** enfila son tablier et éplucha des grenouilles. **Elle** commençait à regretter le château.

date :

Princesse Épisode 4

Le **jour** suivant, Marie-Fistule lui donna sa première leçon de pilotage. Mais le balai était vieux et perdait ses poils.

Chaque fois que Princesse enfourchait le balai, il tremblait et la pauvre apprentie se retrouvait par terre.
Marie-Fistule se mit en colère : « Tu es trop maladroite. Va plutôt me chercher des champignons, je dois jeter des sorts.
– Mais, il fait presque nuit, protesta Princesse.
– Justement, les meilleures potions se préparent avec des champignons de nuit. Dépêche-toi. »

1 **Trace** un arc sous la première syllabe et **écris**-la.

1. pilotage ______
2. maladroite ______
3. suivant ______
4. champignons ______
5. protesta ______

2 **Trouve** le mot correspondant au dessin et **écris**-le.

	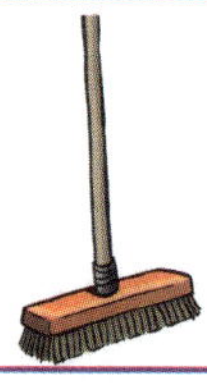	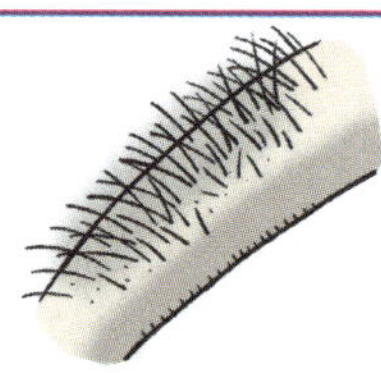	
champagne camping champignon shampoing	balle balai balade balaise	poils piles polis poule	potiron poisson potion poil
______	______	______	______

3 **Copie** ce que répond Princesse et **dessine** les personnages.

Tu es trop maladroite ! Va plutôt me chercher des champignons, je dois jeter des sorts.

date: ,

ch f | ch ph h

Pour commencer Coche quand tu entends ch.

1 ◯

2 ◯
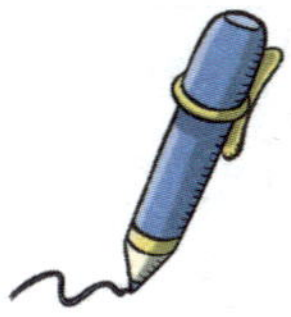
3 ◯

4 ◯

5 ◯

6 ◯

7 ◯

8 ◯

1 **Écris** les mots en t'aidant des syllabes.

tal | teau | hô | lé | phone | châ | té | pi

____

____

____

2 **Recopie** le mot dans la bonne colonne.

champignon | hippopotame | chocolat | Hugo

dauphin

vache

éléphant

hache

hache

hibou

ch	f	h
1. ______	1. ______	1. ______
2. ______	2. ______	2. ______
3. ______		3. ______
4. ______		4. ______

3 **Colorie** les cases pour trouver la phrase cachée et **écris**-la.

Marie-Fistule	vit	à Princesse	d'éplucher	des champignons.
Princesse	dit	à Hugo	de chercher	des champions.

Marie-F

date: ,

Pour commencer **Propose une écriture**

Recopie maintenant les mots tels qu'ils sont écrits au tableau.

1 **Écris** la phrase dictée en t'aidant des modèles.

donna | une leçon | d'aller chercher | de pilotage

~~Marie-Fistule~~ | à Princesse | des champignons | puis lui dit

Marie-Fistule

2 **Invente** une recette de sorcière en t'aidant des mots suivants.

grenouilles | champignons | potion | rats | limaces | serpent

1. Chercher
2. Eplucher
3. Couper
4. Mélanger

puis

date : ,

Princesse Épisode 5

Princesse s'**enfonça** dans les **bois**.
Le hibou **poussa son** cri. Princesse frissonna.
Elle **continua** à s'**avancer** dans la nuit.

Elle ne pensait plus aux champignons.
Son château lui manquait. Elle inventa quelques formules magiques pour se donner du courage.
Enfin, elle aperçut les champignons qui brillaient dans le noir comme les étoiles dans le ciel.
Elle rentra éclairée par le panier.

1 Écris les mots fréquents qui sont dans le texte.

q i u ______

r p a ______ p

e ll e ______ e

ou r p ______ p

ques quel ______

2 Retrouve le mot dans l'Épisode 5 **et écris-le sous le dessin correspondant.**

______

______

______

______

______

______

3 Complète les phrases en utilisant les mots suivants.

Princesse | Les champignons | Le hibou | Princesse | Le château

______ poussa son cri.

______ frissonna.

______ aperçut les champignons.

______ lui manquait.

______ brillaient dans le noir.

1 **Repère** la syllabe où tu entends é comme dans  et **coche** l'arc correspondant.

2 **Entoure** les lettres qui font é comme dans  et **écris**-les.

s'enfoncer panier donner

étoiles vallée Balawé

levez chez assez

é	
1.	
2.	
3.	

3 **Complète** avec le mot qui convient.

chez dans comme dans pour

1. Princesse va ______ les bois.
2. Elle invente des formules magiques ______ se donner du courage.
3. Les champignons brillent ______ le noir ______ les étoiles dans le ciel.
4. Princesse rentre ______ Marie-Fistule.

4 **Écris** la phrase dans l'ordre.

rentra par chez Marie-Fistule Elle le panier. éclairée

E

date : ,

Pour commencer *Écris les mots fréquents.*

1 2 3 4 5

1 **Écris** le mot correspondant au dessin en t'aidant des syllabes.

gez plu mé cou lan chez é pez

vous

vous

vous

2 **Écris** le mot correspondant au dessin en t'aidant des syllabes.

née pon che fu mi ge é sée

une

une

une

3 **Écris** le mot correspondant au dessin en t'aidant des syllabes.

pier bou pri pom ger lan nnier so

un

un

un

4 **Colorie** le bon résumé et **copie**-le.

Pendant la nuit, Princesse alla chercher des champignons dans les bois.

Pendant le jour, Princesse alla chercher des grenouilles dans les bois.

,

,

date: ,

Invente une potion magique en t'aidant du dico.

Potion de:

1. Choisir:

2. Éplucher:

3. Couper:

4. Mélanger:

5. Puis,

Sorcier:

date :

Princesse Épisode 6

Au petit mat**in**, Princesse n'av**ai**t plus **en**vie de devenir sorcière. Elle regrett**ai**t sa belle ch**am**bre et les jard**in**s du pal**ai**s.

Là-bas, elle était réveillée par les rayons du soleil et le chant des oiseaux. « L'odeur de potion me donne mal au ventre, gémit Princesse en se levant.
– Monte plutôt au grenier et apporte-moi le livre de recettes à faire tomber les cheveux. Il est dans la malle noire », lui répondit la vieille femme.

1 **Trace** un arc sous la première syllabe et **écris**-la.

1. répondit ______
2. ventre ______
3. jardin ______
4. cheveux ______

2 **Trouve** le mot correspondant au dessin et **écris**-le.

cheval	molle	parlait	vent
cheveux	mal	balais	venter
chèvre	malade	palais	vendre
je veux	balle	parais	ventre
chevaux	malle	pâle	venteux
______	______	______	______

3 **Copie** ce que répond Marie-Fistule.

Pour commencer Coche quand tu entends on.

1 ◯ 2 ◯ 3 ◯ 4 ◯ 5 ◯ 6 ◯ 7 ◯ 8 ◯

1 **Recopie** les mots de l'Épisode 6 où tu entends on comme dans  et **entoure** ce qui fait le son.

on comme dans 	1. ______	2. ______
	3. ______	4. ______
	5. ______	

2 **Écris** la bonne réponse.

vrai *faux*

1. Princesse alla dans le grenier. ______
2. Le livre de recettes était dans sa chambre. ______
3. Marie-Fistule était une vieille femme. ______

3 **Colle** les personnages sous les mots encadrés. ✂ *page* 83

« L'odeur de potion **me** donne mal au ventre, gémit **Princesse**.

– Monte plutôt au grenier, et apporte-**moi** le livre de recettes

à faire tomber les cheveux. Il est dans la malle noire »,

lui répondit **la vieille femme**.

date : ,

Pour commencer **Propose une écriture**

Puis **recopie** le mot tel qu'il est écrit au tableau.

1 **Classe** les mots dans la bonne colonne.

tomber — elles donnent — elle répondit — monte — une trompe — un champignon — comme — un téléphone — son — un fantôme

on comme dans 		~~on~~
on	om	on ou om
1.	1.	1.
2.	2.	2.
3.		3.
4.		4.

2 **Invente** une recette pour faire tomber les cheveux en t'aidant des mots ci-dessous et du dico.

couper — trouver — cuire — éplucher — mélanger — verser

1)

2)

3)

4)

date : ,

Princesse Épisode 7

Princesse **grim**pa dans le grenier et écarta les **toi**les d'**arai**gnées. Elle **ou**vrit la malle et commen**ça** à f**ou**iller. Elle tr**ou**va vite le livre de recettes.

En le prenant, une photo tomba. C'était le portrait d'une très jolie petite princesse entourée de sa famille. Tous étaient habillés comme des princes. Au dos de la photo, elle put lire :

« Huitième anniversaire de Marie-Tulipe »

Princesse se dit alors que si Marie-Fistule avait réussi, elle pouvait aussi réussir.
À partir de ce jour, elle écouta tous les conseils de la vieille sorcière. Les années passèrent et elle devint une sorcière très célèbre.

1 **Écris les mots fréquents qui sont dans le texte.**

(u e n) ______

(t s ou) t ______

(ll e e) e ______

(l s e) , ______

(e mm o c) c ______

2 **Écris ce que désignent les flèches en t'aidant de l'**Épisode 7**.**

Le ______

3 **Écris les étiquettes dans l'ordre.**

Puis elle ouvrit une malle. | et une photo tomba. | ~~Princesse grimpa dans le grenier.~~ | Elle trouva un livre de recettes

Princesse grimpa dans le grenier.

date :

Pour commencer **Écris les syllabes dictées.**

1 ______ 2 ______ 3 ______ 4 ______ 5 ______

6 ______ 7 ______ 8 ______ 9 ______ 10 ______

1 Écris le mot sous le dessin correspondant.

une souris | des pêches | un nez | des tomates | une boîte

un collier | trente-trois | un pompier | douze

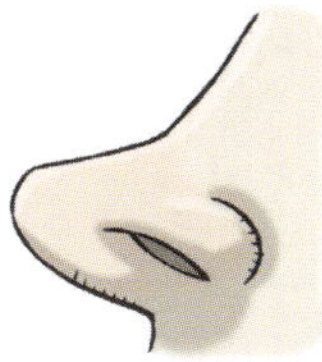
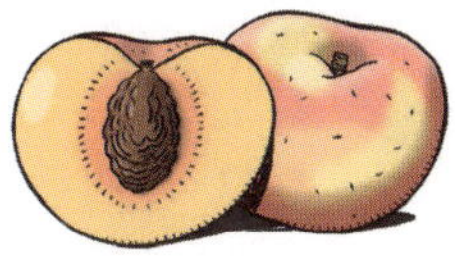

2 Écris les mots en t'aidant des syllabes.

mille | pho | rai | cette | fa | vre | prin | to | ce | re | gnée | a | li

date :

Pour commencer Écris les *mots fréquents*.

1 2 3 4 5

1 Illustre le texte.

Sur une photo, il y avait une jolie princesse entourée de son père et de sa mère.

2 Réponds aux questions.

Où est le livre de recettes ?

Qui voit-on sur la photo ?

Qu'est-ce que Princesse a compris dans le grenier ?

1 Classe les phrases.

Elle vole sur son balai. Elle prépare des remèdes.

Elle vit seule. Elle soigne les gens.

Elle prépare des potions à faire tomber les cheveux.

Marie-Fistule

Une sorcière au Moyen Âge

2 Écris la bonne réponse.

les saignements de nez. les poux. la fièvre. la toux.

Les sorcières utilisaient :

– la vipérine contre ______

– l'armoise contre ______

– la mélisse contre ______

– le chardon contre ______

3 Trouve un autre mot caché dans les mots suivants comme dans l'exemple.

exemple : l'armoise	le chardon	la mélisse
moi	______	______

date :

1 **Colle** la vignette qui représente la couverture. ✂ page 83

2 **Observe** la couverture et **complète**.

titre :

auteur :

illustrateur :

éditeur :

3 **Écris** le nom des personnages de cette histoire.

1.

2.

3.

4.

Recopie maintenant les noms tels qu'ils sont écrits au tableau.

1.

2.

3.

4.

date :

Akli le jeune berger et le loup Épisode 1

Akli, un jeune berger kabyle, gardait les moutons que son père lui avait confiés. Les loups, attirés par le troupeau, rôdaient depuis plusieurs jours dans les alentours. Parmi les moutons, Akli avait quatre agnelets qu'il cachait dans une grotte pour les protéger des loups.

Il partait tous les matins au lever du soleil chercher de l'eau au puits, qui se trouvait à une heure de marche.

1 **Trace** un arc sous la première syllabe et **écris**-la.

1. parmi ______
2. gardait ______
3. berger ______
4. troupeau ______
5. protéger ______

2 **Écris** ce que désignent les flèches en t'aidant de l'Épisode 1.

3 **Écris** les mots sous les dessins correspondants.

les quatre agnelets | le père d'Akli | Akli | le loup | le jeune berger

1. ______
2. ______

1. ______

1. ______

1. ______

1 **Repère** la syllabe où tu entends k comme dans  et **coche** l'arc correspondant.

2 **Recopie.**

k

Akli

3 **Recopie** les mots de l'Épisode 1 où tu entends k.

k comme dans 	1. ______	2. ______
	3. ______	4. ______
	5. ______	6. ______
	7. ______	

4 **Complète** les phrases en utilisant les mots suivants.

les quatre agnelets — Les loups — Akli — Son père

______ rôdaient dans les alentours.

______ partait tous les matins chercher de l'eau.

Akli cachait ______ dans une grotte.

______ lui avait confié le troupeau.

date :

k | c k qu

Pour commencer **Écris les mots en t'aidant des syllabes.**

rou ssin que kan ble mas cou gou ta car

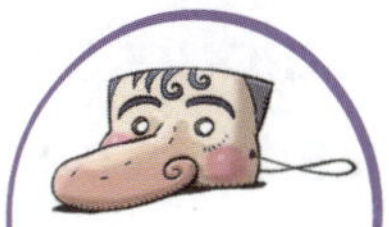

1 **Entoure** les lettres qui font k comme dans  et **écris**-les.

chocolat	marécages	commença
chaque	quoi	quelques
Akli	kabyle	basket

k	
1.	
2.	
3.	

2 **Colorie** les mots en fonction du personnage qu'ils désignent.

Akli   le père d'Akli

les loups   les quatre agnelets   le troupeau

Akli, un jeune berger kabyle, gardait les moutons que son père lui avait confiés.
Les loups, attirés par le troupeau, rôdaient depuis plusieurs jours dans les alentours.
Parmi les moutons, Akli avait quatre agnelets qu'il cachait dans une grotte pour les protéger des loups.
Il partait tous les matins au lever du soleil chercher de l'eau au puits, qui se trouvait à une heure de marche.

Akli le jeune berger et le loup Épisode 2

Lorsqu'il reven**ait** avec sa cruche **remplie** d'**eau** sur la tête, il frapp**ait** **toujours** à la porte de la grotte et pron**on**ç**ait** ces paroles :
– *Le pot sur la tête, c'est m**oi** Akli votre berg**er** !*

C'était le mot de passe que son père lui avait transmis et que tous les jeunes bergers de la région connaissaient.
Dès qu'ils entendaient ces paroles, les agnelets se sentaient rassurés et savaient que c'était Akli leur jeune berger qui rentrait. Ils ouvraient alors la porte de la grotte et le laissaient entrer avec sa cruche remplie d'eau.

1 **Entoure** les lettres muettes.

il revenait

ils entendaient

il frappait

ils ouvraient

Akli rentrait

Ils laissaient

2 **Retrouve** le mot dans l' Épisode 2 et **écris**-le sous le dessin correspondant.

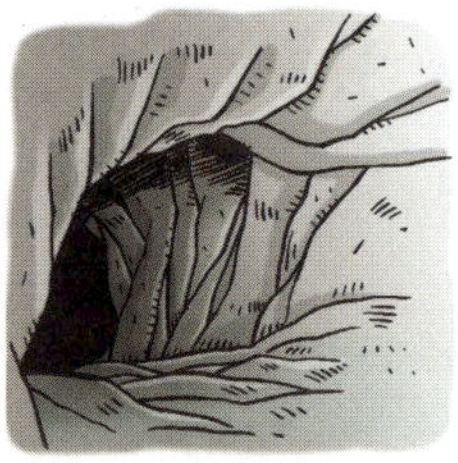

3 **Classe** les mots suivants dans la bonne colonne.

confiés | chercher | ces | il cachait | il cachait | c'était | cruche | cruche | marche

s comme dans 6	k comme dans 	ch comme dans 
1.	1.	1.
2.	2.	2.
	3.	3.
		4.

date : ,

s k ch c

Pour commencer Écris les syllabes dictées.

1 ______ 2 ______ 3 ______ 4 ______ 5 ______

6 ______ 7 ______ 8 ______ 9 ______ 10 ______

1 Complète avec la syllabe qui convient.

ce ca con cre cho co ci

du ______colat

une ______rise

du su ______

de la ______fiture un ______loriage un ______fé un ______néma

2 Complète les phrases avec les mots suivants.

Les agnelets Akli Akli Son père

______ frappait toujours à la porte de la grotte.

______ entendaient le mot de passe.

______ avait transmis le mot de passe à Akli.

______ prononçait le mot de passe.

3 Colorie le bon résumé et copie-le.

Quand Akli prononçait le mot de passe, le troupeau ouvrait la porte de la grotte.	Quand le père d'Akli prononçait le mot de passe, les quatre agnelets ouvraient la porte de la grotte.	Quand Akli prononçait le mot de passe, les quatre agnelets ouvraient la porte de la grotte.

Akli le jeune berger et le loup Épisode 3

Tous les **matins**, le berger **leur** répét**ait** :
– **Vous** ne dev**ez ou**vrir la porte à personne d'**autre** qu'à m**oi** ! C'est bien **entend**u ?
– Oui Akli, nous n'ouvrirons pas la porte !
– Pour me faire reconnaître, je prononcerai toujours la même phrase magique : *Le pot sur la tête, c'est moi Akli votre berger !*
Les quatre agnelets promettaient chaque fois de suivre ses conseils.

1 **Écris** les mots fréquents qui sont dans le texte.

(r ou p) , ______

(s ou v) , ______

(ou s t) , ______

(ou n s) , ______

2 **Entoure** les lettres qui font [o] comme dans  et **écris**-les.

l'eau	un château	un troupeau
aussi	gauche	pauvre
le pot	une photo	drôle

o	
1. ______	
2. ______	
3. ______	
4. ______	

3 **Copie** ce que disent Akli et les agnelets.

Vous ne devez

Oui Akli,

date :

o | au eau o

Pour commencer Écris les *mots fréquents*.

1 2 3 4 5

1 **Écris** le mot correspondant au dessin en t'aidant des syllabes.

dau meau tal teau hô lan cha po pi

un ______ un ______ un ______ un ______

2 **Écris** le mot sous le dessin correspondant.

ruche autruche cruche autobus automobile motard moto poteau

 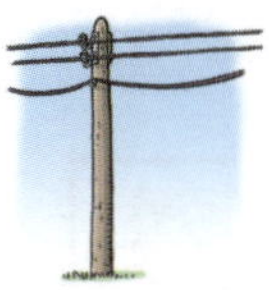  

3 **Colorie** les mots en fonction du personnage qu'ils désignent.

Akli | le père d'Akli | les loups | les quatre agnelets | le troupeau

Tous les matins, [le berger] [leur] répétait :

– Vous ne devez ouvrir la porte à [personne] d'autre qu'à moi ! C'est bien entendu ?

– Oui [Akli], [nous] n'ouvrirons pas la porte !

– Pour [me] faire reconnaître, [je] prononcerai toujours la même phrase magique.

date: ,

Akli le jeune berger et le loup Épisode 4

Un beau matin, Akli revi**n**t du puits, sa cruche sur la tête. Il frappa à la porte de la grotte et prono**n**ça la phrase magique :

– Le pot sur la tête, c'est moi Akli votre berger !
Un des agnelets alla ouvrir.
Seulement voilà ! Non loin de là, caché derrière les buissons, un jeune loup assista à la scène :
– Hum ! Ces agnelets me feraient un bon repas. Dès demain matin, pendant l'absence du berger, je viendrai leur rendre visite !

1 **Découpe** les mots en syllabes en traçant des arcs.

1. repas
2. berger
3. demain
4. il prononça
5. seulement

2 **Classe** les mots suivants dans la bonne colonne.

garçon magique gauche champignons grotte berger
grenouilles agnelets pilotage il a gagné il a gagné signe

g comme dans 

1. ____
2. ____
3. ____
4. ____
5. ____

j comme dans

1. ____
2. ____
3. ____

gn comme dans 

1. ____
2. ____
3. ____
4. ____

3 **Barre** les 4 autres *mots tordus* et **écris**-les correctement.

Un beau ~~malin~~, Akli revint du puits, sa ruche sur la fête.

matin

Il frappa à la forte de la grotte et prononça la phrase tragique.

____

date : ,

Pour commencer Coche quand tu entends gn.

1 ◯ 2 ◯ 3 ◯ 4 ◯ 5 ◯ 6 ◯ 7 ◯ 8 ◯

1 Complète avec la syllabe qui convient.

gi | gon | gnée | gnoi | ge | gne

une bai______re un dra______ une monta______

une poi______ de porte un ______nou un ma______cien

2 Colorie les mots en fonction du personnage qu'ils désignent.

Akli | les quatre agnelets | le jeune loup

Hum !
[Ces agnelets] [me] feraient
un bon repas. Dès demain matin,
pendant l'absence [du berger], [je]
viendrai [leur] rendre visite !

3 Imagine ce que va faire le loup et écris une phrase.

date :

Le **lendemain** matin, le **loup vint** frapper à la porte de la grotte et murmura :
– *Le pot sur la tête, c'est moi Akli votre berger !*
Les agnelets, ne reconnurent pas la **voix** d'Akli.

Ils se dirent tous ensemble :
– Ce n'est pas la voix de notre berger ! Nous ne devons pas ouvrir !
Le plus téméraire s'approcha de la porte et dit tout haut :
– Nous ne connaissons pas cette voix, nous n'ouvrirons pas la porte !
Déçu, le jeune loup retourna dans le maquis.

1 Entoure les lettres muettes.

ils se dirent

il dit

nous devons

nous connaissons

nous ouvrirons

2 Complète avec le mot qui convient.

le la

____ voix ____ porte ____ loup ____ matinée

____ berger ____ grotte ____ pot ____ matin

3 Copie ce que disent le loup et les agnelets.

Le pot sur

Ce n'est pas

date : ,

Pour commencer **Écris les mots en t'aidant des syllabes.**

gne ca ce gla ci teau go ge gâ

1 Entoure selon le code couleur comme dans l'exemple :

ce qui fait g en rose, ce qui fait j en vert.

exemple : une image — gros

il mange argent une mangue

une gare grave un gant rouge

un étage un guide un alligator

2 Remets la phrase dans l'ordre.

à la porte | de passe. | et murmura | Le loup | le mot | vint frapper

3 Complète les phrases avec les mots suivants.

leur | leur | le loup | aux agnelets | Ils | personne

Le lendemain, ______ vint frapper à la porte et murmura le mot de passe ______.

______ ne reconnurent pas la voix de ______ berger qui ______ avait dit de n'ouvrir à ______.

Tout penaud, il se **rendit** chez **un** vieux **loup** malin et lui demanda **conseil** :
– Que **dois**-je faire **pour** prendre la voix du **berger** ? deman**da**-t-il.

En vieil habitué des bergers kabyles, le vieux loup lui répondit :
– C'est simple ! Tu manges des framboises bien sucrées et tu te couches sur une ruche. Puis, tu laisses les abeilles envahir ta gorge. En butinant, elles vont rendre ta voix aussi légère que celle du jeune berger.

1 **Découpe** les mots en syllabe en traçant des arcs.

1. il demanda
2. habitué
3. des framboises
4. butinant
5. il répondit

2 **Entoure** les lettres qui font in comme dans 5 et **écris**-les.

demain — le lendemain
le matin — il revint — malin
lundi — jungle — un
grimper — simple — n'importe quoi

in	
1. ______	
2. ______	
3. ______	
4. ______	

3 **Retrouve** le mot dans le texte et **écris**-le sous le dessin correspondant.

______

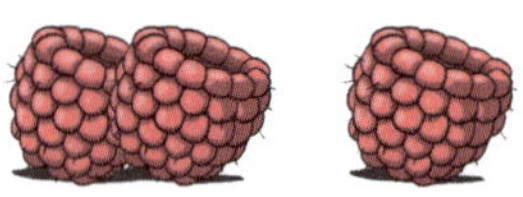
______

______

4 **Complète** les phrases avec les mots suivants.

Le jeune loup — Le jeune loup — les abeilles — au vieux loup

______ est tout penaud.

______ demanda conseil ______.

Le jeune loup doit laisser ______ envahir sa gorge.

Pour commencer **Coche quand tu entends in.**

1 ◯ 2 ◯ 3 ◯ 4 ◯ 5 ◯ 6 ◯ 7 ◯ 8 ◯

1 Écris la phrase dictée en t'aidant des mots suivants.

voix | vieux | donna | légère | rendre | conseil | loup

2 Écris le mot sous le dessin correspondant.

bain | main | train | pain | grain

3 Écris le mot correspondant au dessin en t'aidant des syllabes.

quin | phin | gouin | pin | cinq | re | pin | dau | la | vingt-

4 Colorie les mots en fonction du personnage qu'ils désignent.

le jeune loup | le vieux loup | Akli | les abeilles

« C'est simple ! [Tu] manges des framboises bien sucrées et [tu] [te] couches sur une ruche. Puis, [tu] laisses [les abeilles] envahir ta gorge. En butinant, [elles] vont rendre ta voix aussi légère que celle [du jeune berger]. »

date :

in | in (barré) | in, im, ain, un

Akli le jeune berger et le loup Épisode 7

Le **jeune loup** remercia **son aîné** et partit très vite à la recherche de f**r**amboi**s**es **bien** mûres qu'il **en**gloutit. Puis, il s'allongea sur une ruche, la **g**ueule **ou**verte et pati**en**ta.

Aussitôt, une multitude d'abeilles se précipitèrent au fond de sa gorge pour butiner. Peu de temps après, le jeune loup se leva et fit quelques essais. Sa voix était devenue aussi légère que celle du berger. Au lever du jour, il retourna dans les buissons proches de la grotte et attendit que le berger parte au puits avec sa cruche sur la tête.

1 **Entoure** les lettres muettes.

il partit

il engloutit

elles se précipitèrent

il fit

elle était légère

2 **Classe** les mots suivants dans la bonne colonne.

la semaine | l'aîné | la main | il s'installa | simple | butiner

le matin | la matinée | éliminé | grimper | un | une

in comme dans 5		in (barré)	
1. ______	4. ______	1. ______	4. ______
2. ______	5. ______	2. ______	5. ______
3. ______	6. ______	3. ______	6. ______

3 **Complète** les phrases avec les mots suivants…

pour que les abeilles butinent | pour le conseil

Le jeune loup remercie son aîné ______________________.

Il a des framboises bien mûres dans sa gorge ______________________

____.

4 … et **imagine** la suite.

Il attend que le berger parte pour

date : ,

Pour commencer **Écris les syllabes dictées.**

1 ______ 2 ______ 3 ______ 4 ______ 5 ______

6 ______ 7 ______ 8 ______ 9 ______ 10 ______

1 **Barre** les 4 *mots tordus* et **écris**-les correctement.

Aussitôt, une altitude d'abeilles se précipitèrent au rond

de sa forge pour bouquiner.

2 **Imagine** ce que pense le loup en t'aidant des mots ci-dessous.

régaler | voix | j'ai très envie | quatre agnelets

jeune berger | manger | piège

Akli le jeune berger et le loup **Épisode 8**

Le **jeune loup** frappa à la porte de la grotte.
Puis, il pron**on**ça la phrase magique :
– *Le pot sur la tête, c'est **moi** Akli votre **berger** !*
– C'est bien la voix de notre berger ! se dirent les quatre agnelets. Nous pouvons ouvrir !
Les agnelets ouvrirent la porte. Le loup se jeta sur deux d'entre eux pendant que les deux autres réussirent à s'enfuir.
Puis, repu, le loup retourna dans la montagne.

1 **Entoure** les lettres muettes.

ils se dirent

ils ouvrirent

ils réussirent

nous pouvons

2 **Entoure** les 7 mots où tu entends eu comme dans 
et **écris** les lettres qui font ce son.

deux	peu	beau	vieux
un	la rue	ils réussirent	il peut
tu veux	chaque	malheureux	tu peux

eu	___
___	

3 **Complète** les phrases avec les mots suivants.

la | de leur | se | Ils | alors | et | à la

Le jeune loup frappa ______ porte ______ prononça d'une voix légère ______ phrase magique.

Les quatre agnelets reconnurent ______ la voix ______ berger.

______ ouvrirent la porte et deux d'entre eux ______ firent dévorer.

4 **Écris** la phrase dans l'ordre.

à | agnelets | s'enfuir | deux | Cependant | . | réussirent

Pour commencer Propose une écriture

Recopie maintenant les mots tels qu'ils sont écrits au tableau.

1 **Écris** le bon mot sous chaque dessin en faisant attention aux intrus.

ordinateur | cheveux | beurre | doux | cheval

jeu | fleur | deux | feu | neuf | chevaux

 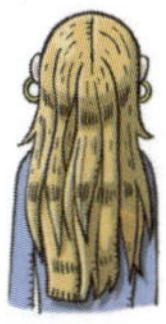  

2 **Imagine** ce que répondent les agnelets à Akli.

dévorer | cachés | fond | grotte | derrière | peur | loup | reparti

date :

Lorsque Akli revint du puits, il **trouva** la grotte grande **ouverte** et les deux agnelets, **tout tremblant** de frayeur :

– Malheur ! Le loup est passé par là ! Que va dire mon père ? Et que vont penser de moi les autres jeunes bergers ?

1 **Découpe** les mots en syllabes en traçant des arcs.

1. agnelets
2. malheur
3. penser
4. ouverte
5. trouva

2 **Imagine** ce qu'Akli pourrait dire à son père.

3 **Écris** chaque mot sous son dessin.

cloche coq gomme pomme grotte ogre

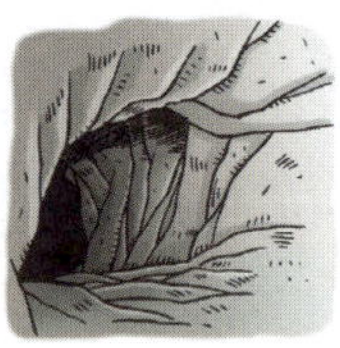

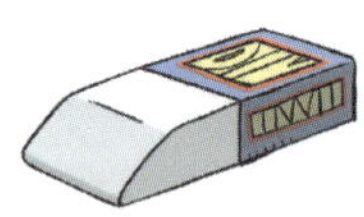

4 **Écris** les mots en t'aidant des syllabes.

té or ca tue lé teur phone rotte tor na di

date :

Akli le jeune berger et le loup Épisode 10

gr tr br

Il ret**ou**rna vite **au** village p**ou**r conter la mésav**en**ture à s**on** père. Après av**oi**r réuni les vi**eux** berg**ers**, celui-ci dit à Akli :

– Tu vas retourner là-haut, te cacher dans la grotte et attendre le loup ; il va sûrement revenir ! Il attendit plusieurs jours, un gourdin à la main, avant d'entendre, un beau matin, les pas feutrés du jeune loup…
Ce dernier frappa à nouveau à la porte et prononça la phrase magique :
– *Le pot sur la tête, c'est moi Akli votre berger !*

1 **Découpe** les mots en syllabes en traçant des arcs.

1. il retourna
2. il prononça
3. la mésaventure
4. le gourdin
5. revenir
6. le dernier

2 **Classe** les étiquettes dans la bonne colonne.

page 83

gr comme dans 			tr comme dans 			br comme dans 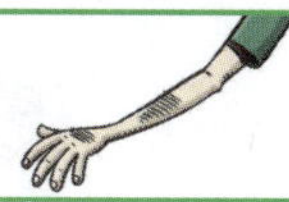		

3 **Écris** les mots correspondant au dessin en t'aidant de l'Épisode 10.

  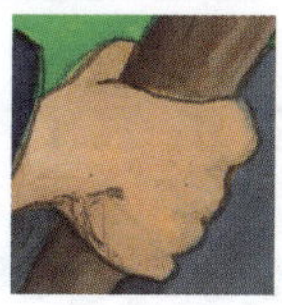 

4 **Complète** avec le mot qui convient.

Le loup Akli

1. ______ retourna vite au village.
2. ______ va sûrement revenir.
3. ______ attendit plusieurs jours, un gourdin à la main.
4. ______ frappa à nouveau à la porte.
5. ______ prononça la phrase magique.

Pour commencer Écris les mots en t'aidant des syllabes.

mo | che | bri | ther | ti | bran | mètre | que | gre

1 Écris le mot correspondant au dessin en t'aidant des syllabes.

tour ne sse vis trou

un

une

bra que let ce bar

une

un

fe ma gi gri ra ce

une

une

2 Colorie les mots en fonction du personnage qu'ils désignent.

Akli | le père d'Akli | le jeune loup

Il retourna au village pour conter la mésaventure à son père.
Après avoir réuni les vieux bergers, celui-ci lui dit :
– Tu vas retourner là-haut, te cacher dans la grotte et attendre le loup ; il va sûrement revenir !

3 Barre les 4 *mots tordus* et réécris la phrase.

Le mot sur la bête, c'est quoi Akli votre boucher.

date :

Akli le jeune berger et le loup — Épisode 11

À ces mots, la porte s'entrouvrit.
– Hum ! Ces deux agnelets me feront un excellent repas, se dit le jeune loup qui sentait l'odeur alléchante.

Affamé, la gueule grande ouverte, il bondit sur sa proie et… Akli lui assena des coups de gourdin si forts que le jeune loup s'enfuit, hurlant de peur et de douleur.
Et c'est ainsi qu'autour du feu, les jeunes bergers aiment raconter cette aventure quand ils entendent des hurlements de loup dans la montagne.

1 Entoure les lettres muettes.

il dit

Ils entendent

elle s'entrouvrit

il sentait

ils aiment

il s'enfuit

2 Classe les étiquettes dans la bonne colonne. page 83

cr comme dans 			dr comme dans 			fr comme dans 		

3 Écris les mots correspondants aux dessins en t'aidant de l'Épisode 11.

4 Copie ce que pense le loup en entrant dans la grotte.

date :

cr dr fr

cr dr fr

Pour commencer Écris les *mots fréquents*.

1 2 3 4 5

1 **Écris** le mot correspondant au dessin en t'aidant des syllabes.

cra car ble be ta

un

un

gon re dra nard

un

un

teau fro ge châ ma fort

un

un

2 **Colorie** les mots en fonction du personnage qu'ils désignent.

Akli | les deux agnelets | le jeune loup

« Hum ! Ces deux agnelets me feront un excellent repas, se dit le jeune loup qui sentait l'odeur alléchante. »
Affamé, la gueule grande ouverte, il bondit sur sa proie et… Akli lui assena des coups de gourdin si forts que le jeune loup s'enfuit, hurlant de peur et de douleur.

3 **Imagine** ce que racontent les bergers autour du feu.

Akli s'est caché alors dans la grotte pour

Le loup est entré

Mais Akli

date :

1 Relie chaque phrase à son illustration.

Les agnelets tremblent de peur car le loup est derrière la porte.

Serrés contre Akli, les agnelets tremblent de peur car le loup frappe à la porte.

Il hurle de peur car Akli le frappe à coups de gourdin.

2 Colorie « VRAI » ou « FAUX » et justifie ta réponse.

Le père est un ancien berger.

C'est VRAI / FAUX parce que

Le loup a mangé les agnelets à cause de l'imprudence d'Akli.

C'est VRAI / FAUX parce que

Son aventure a fait d'Akli un berger célèbre.

C'est VRAI / FAUX parce que

date :

1 Qui suis-je ?

1. Je suis la mère de l'agnelet, je suis ______________.

2. Je ne peux pas avoir de petits et je suis un adulte, je suis ______________.

3. Je vis jusqu'à 12 ans, je suis ______________.

2 **Trouve** le nom de 3 membres de la famille du mouton et **écris**-les.

y	h	d	b	j	b
o	a	g	r	a	d
a	g	n	e	a	u
s	f	y	b	w	l
b	é	l	i	e	r
c	k	s	s	u	m

1. ______________
2. ______________
3. ______________

3 **Observe** puis **complète**.

Le père	La mère
Le bélier : – est le père de l'agneau ou de l'agnelle – peut vivre jusqu'à 12 ans – pèse jusqu'à 80 kg.	La brebis : – est ______________ – peut vivre ______________ – pèse ______________.

date :

1 **Colorie** le calendrier suivant la couleur que tu as choisie pour chaque étiquette, pour indiquer où se trouvent les moutons.

bergerie | transhumance | montagne

janvier	février	mars	avril	mai	juin	juillet	août	septembre	octobre	novembre	décembre

2 **Coche** la bonne définition du mot en gras.

la bergerie :
- ☐ le troupeau
- ☐ la femme du berger
- ☐ la maison des moutons

la transhumance :
- ☐ le changement de peau
- ☐ le départ pour la montagne
- ☐ le camion

le pâturage :
- ☐ la prairie où les bêtes broutent
- ☐ l'herbe sèche que les moutons mangent l'hiver
- ☐ le lait des brebis

3 **Qui** suis-je ?

1. Je surveille le troupeau avec le berger, je suis ______________________.

2. Je broute de l'herbe fraîche, je suis ______________________.

3. Je soigne les moutons malades, je suis ______________________.

4. J'empêche qu'on attaque le troupeau, je suis ______________________.

1 Avant de lire le documentaire **imagine** ce qu'on fait avec le mouton.

nourriture (viande/lait)	peau	laine
1.	1.	1.
2.	2.	2.
3.	3.	3.
4.	4.	4.

2 **Complète** les phrases en utilisant les mots ci-dessous.

du lait | de l'herbe | du fromage | le lait | de la viande de mouton

L'agneau boit ______________ de sa mère.

Le mouton broute ______________.

L'homme mange ______________________ et

______________________.

Les enfants boivent ______________.

3 **Écris** le mot sous le dessin correspondant en faisant attention aux intrus.

la laine | le portefeuille | grand | le marteau | le manteau | le roquefort | le gant

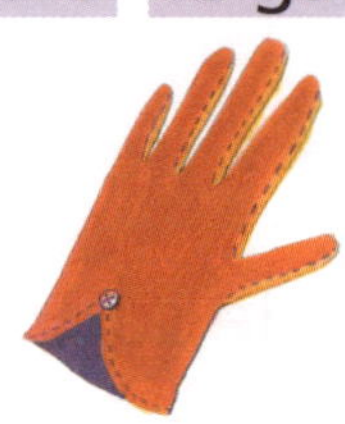

______________ ______________ ______________

______________ ______________

date :

1 **Écris** le mot correspondant à sa définition.

la bergerie | les forces | le troupeau | la tonte | la feta | le roquefort | la transhumance

.... : fromage français fabriqué avec du lait de brebis.

.... : fromage grec fabriqué avec du lait de brebis.

.... : ciseaux utilisés pour couper la laine des moutons.

.... : départ du troupeau pour la montagne.

.... : bâtiment où est enfermé le troupeau.

.... : lorsque le berger coupe la laine des moutons.

.... : les agnelets, les moutons, les béliers et les brebis.

2 **Écris** le nom des produits que les femmes achètent.

3 **Imagine** ce que le père d'Akli pourrait vendre et **dessine**-le.

date :

1 **Colle** la vignette qui représente la couverture. ✂ page 81

2 **Observe** la couverture et **complète.**

titre :

adaptation :

illustrations :

éditeur :

3 **Recherche** le nom des personnages de cette histoire et **écris**-les.

1. ____________ 3. ____________

2. ____________ 4. ____________

4 **Recopie** maintenant les mots tels qu'ils sont écrits au tableau.

1. ____________ 3. ____________

2. ____________ 4. ____________

date : ,

Ce conte se déroule dans un pays de l'est de l'Europe, qui se nomme la Russie. Dans ce pays, aux hivers longs et froids, il y avait de nombreux royaumes où vivaient des rois qu'on appelait tzars. Leurs fils, les princes, étaient appelés tzarévitchs.

1 **Colorie** selon le code couleur et tu découvriras sur la carte la France (signalée par F) et la Russie (signalée par R).

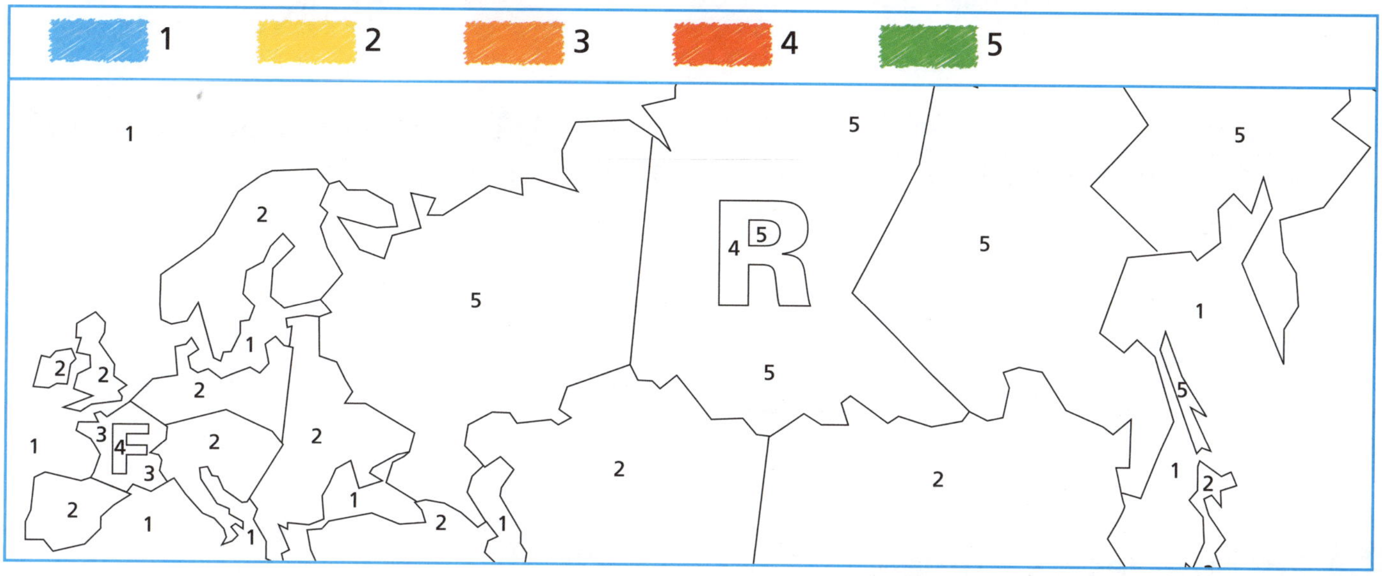

2 **Complète.**

	en France	en Russie
le père	le roi	
le fils	le prince	

3 **Dessine** un oiseau de feu et un loup gris.

date : ,

L'oiseau de feu et le loup gris **Épisode 1**

Il y a bien longtemps, en Russie, vivait le tzar Démian. Il avait deux fils : Vladimir, l'aîné et Ivan, le plus jeune.
Le soir, le tzar et ses fils se promenaient dans leur splendide jardin.

Tous les trois aimaient regarder un arbre rare. C'était un pommier qui donnait des pommes en or.

Un beau matin, le vieux tzar s'aperçut que des pommes avaient disparu pendant la nuit.

Il ordonna alors à ses meilleurs gardes de surveiller l'arbre, mais aucun ne réussit à surprendre le voleur.

1 Colorie dans le texte les mots qui désignent les personnages selon le code couleur.

- le tzar Démian
- Vladimir
- Ivan
- le voleur

2 Écris les *mots fréquents* de l'Épisode 1.

n d s a — d ______

ai s m ______

s ou t ______

e n ______

3 Entoure les « s » muets.

un roi / des rois

un garde / des gardes

un tzarévitch / des tzarévitchs

la pomme / les pommes

le fils / les fils

un prince / des princes

un hiver / des hivers

le voleur / les voleurs

4 Complète avec les mots suivants.

Un matin | la nuit | Le soir

1. ______, le tzar et ses fils se promenaient dans leur jardin.

2. ______, le tzar s'aperçut que des pommes avaient été volées.

3. Les pommes avaient disparu pendant ______.

date :

ill ill

Pour commencer **Coche quand tu entends ill.**

 1 ○  2 ○  3 ○  4 ○  5 ○  6 ○  7 ○  8 ○

1 **Entoure** les lettres qui font ill comme dans  et **écris**-les.

ill

fille papillon chenille bille

2 **Écris** le mot sous son dessin en faisant attention aux intrus.

grille béquille maquillage coquillage fille aiguille bille

un ______________

une ______________

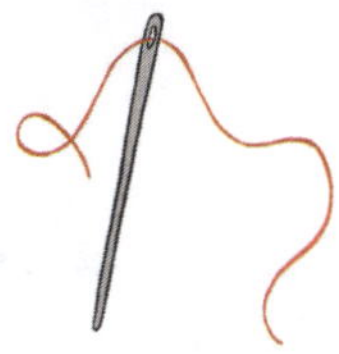

une ______________

une ______________

3 **Écris** les deux phrases qui résument l'épisode.

1. aux pommes d'or. aimaient regarder Le tzar et ses fils l'arbre

2. jour vola quelqu'un Un pommes. des

Il appela alors ses fils et leur dit :
– Celui de vous deux qui arrêtera le voleur deviendra tzar à son tour.
L'aîné des deux frères répondit aussitôt :
– Cher père, je surveillerai cette nuit-même le jardin et j'attraperai ce bandit.
Mais voilà, allongé sous le pommier, Vladimir rêvait à son futur royaume si bien qu'au fil de ses rêves, il s'endormit d'un profond sommeil… et des pommes disparurent.
Le lendemain matin, le tzarévitch préféra mentir à son père. Il raconta qu'il avait monté la garde la nuit durant, et qu'il n'avait vu personne.

1 **Souligne** ce que disent les personnages selon le code couleur.

- le tzar Démian
- Vladimir

2 **Écris** les *mots fréquents* de l'Épisode 2.

lors a ____ ou v s ~~v~~ v ____

s ai m ____ en bi ____

3 **Entoure** les lettres qui font eil comme dans  et **écris**-les.

il surveilla   une abeille   meilleur

le soleil   le réveil   le sommeil

eil	eill
1. ____	
2. ____	

4 **Recopie** la phrase en remplaçant le mot barré par le bon personnage.

Vladimir   Vladimir   ~~Le tzar Démian~~   au tzar Démian

1. ~~Il~~ appela alors ses fils.
Le tzar Démian appela alors ses fils.

2. ~~Il~~ s'endormit d'un profond sommeil.

3. Le tzarévitch préféra mentir ~~à son père~~.

4. ~~Il~~ raconta qu'il avait monté la garde la nuit durant.

Pour commencer Écris les syllabes dictées.

1 ..... 2 ..... 3 ..... 4 ..... 5 .....
6 ..... 7 ..... 8 ..... 9 ..... 10 .....

1 **Écris** le mot sous le dessin correspondant.

l'abeille | une paille | la grenouille | un fauteuil | le maillot | le soleil | la feuille | l'écureuil | une bouteille | l'œil | une citrouille | un réveil

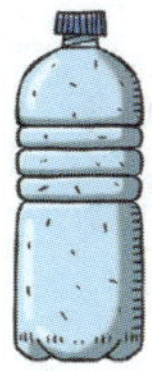
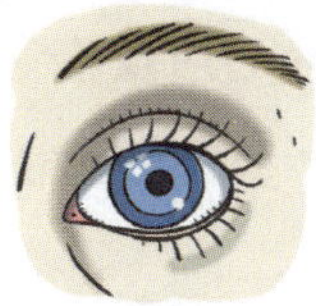

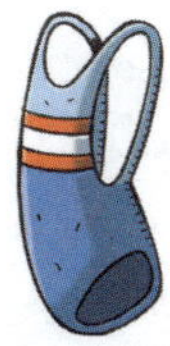

2 **Imagine** le rêve de Vladimir en t'aidant du dico.

date :

L'oiseau de feu et le loup gris — Épisode 3

Au petit matin, Ivan alla voir son père :
– As-tu démasqué le voleur ?
– Je l'ai vu, cher père, hélas il m'a échappé, répondit le tzarévitch en montrant la plume.
C'est l'oiseau de feu. Il profite de la nuit pour piller ton pommier.

Inquiet, le tzar rappela alors à ses fils :
– Souvenez-vous, celui de vous deux qui capturera ce voleur sera tzar à son tour.
Sans perdre de temps, les deux frères prirent congé de leur père et se mirent en route. Chacun prit une direction opposée.
Ivan chevauchait depuis de longs jours quand il arriva devant trois chemins. Sur une pierre, il put lire :

celui qui ira tout droit
aura froid et faim.

celui qui ira
à gauche sera tué.

celui qui ira à droite
perdra son cheval.

1 Souligne ce que disent les personnages selon le code couleur.

- le tzar Démian
- Ivan

2 Colorie les mots qui désignent les personnages selon le code couleur.

- le tzar Démian
- Ivan
- le voleur

3 Découpe les mots en syllabes en traçant des arcs.

1. tzarévitch   2. il m'a échappé   3. l'oiseau
4. chemin   5. il chevauchait

4 Entoure les lettres qui font [z] comme dans  et écris-les.

oiseau	visite	il disait	rose
onze	zéro	douze	Zéfir

[z]	
1.	
2.	

5 Écris les mots correspondant au dessin en t'aidant de l'Épisode 3.

date : ,

s / ~~z~~ / z — s / ss

Pour commencer Écris les *mots fréquents*.

1	2	3	4	5

1 **Classe** les mots dans la bonne colonne.

hélas | un oiseau | le fils | alors | une classe | depuis | la musique | le désert | le dessert | du poison | du poisson | trois pommes | trois loups

s comme dans 6	z comme dans 	s ~~z~~ comme dans « des pommes »
1.	1.	1.
2.	2.	2.
3.	3.	3.
4.	4.	4.
5.		

2 **Entoure** le chemin qu'Ivan va choisir et **imagine** ce qui va lui arriver. Tu peux t'aider du dico.

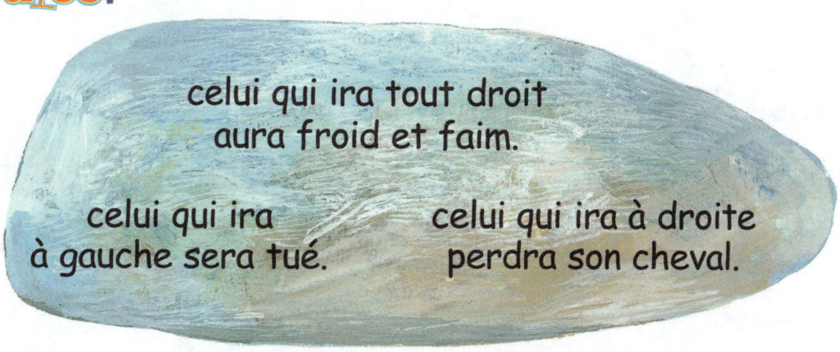

date :

Après trois jours de marche, un loup gris bondit devant le tzarévitch épuisé :

– Tu sembles dépité, Tzarévitch. Que t'arrive-t-il ?

– Je dois parcourir la Russie, hélas je n'ai plus de cheval.

– Mais, que viens-tu faire ici ?

– Je recherche l'oiseau de feu qui pille le jardin de mon père.

Le loup gris eut pitié du jeune Ivan, et lui dit :

– C'est moi qui ai volé ton cheval et pour me faire pardonner, je promets de te servir fidèlement. Je suis le seul à savoir où niche l'oiseau. Fais-moi confiance.

Le tzarévitch grimpa sur le dos du loup. Ensemble, ils franchirent d'immenses royaumes. *Les pattes dévoraient l'espace et la queue effaçait les traces.*

1 Souligne ce que disent les personnages selon le code couleur.

le loup

Ivan

2 Découpe les mots en syllabes en traçant des arcs.

dépité

parcourir

pardonner

tzarévitch

3 Entoure les lettres muettes.

1. Ensemble, ils franchirent d'immenses royaumes.
2. Les pattes dévoraient l'espace et la queue effaçait les traces.

4 Écris la phrase dans l'ordre et **illustre**-la.

faire pardonner, | qui ai volé ton | servir fidèlement.

cheval et pour me | C'est moi | je promets de te

date : ,

en / ~~en~~ / an am en em

Pour commencer Écris les mots en t'aidant des syllabes.

boise | lan | rem | cham | gnon | fram | dau | pi | part

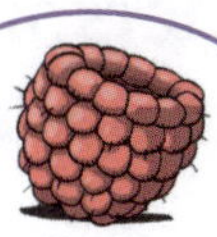

1 Classe les mots dans la bonne colonne.

une chambre | une pendule | un pyjama | la flamme | emporté
une framboise | la manche | une cheminée | une dame | le chemin
souvenez-vous | fidèlement | tu sembles | un bambou

en comme dans (dent)		~~en~~
am	em	1.
1.	1.	2.
2.	2.	3.
3.	en	4.
an	1.	5.
1.	2.	6.

2 Qui suis-je ?

1. J'ai deux fils, Vladimir et Ivan, je suis le tzar Démian.
2. Je pille le jardin du tzar Démian, je suis
3. J'ai volé le cheval d'Ivan, je suis
4. Je suis épuisé par trois jours de marche, je suis
5. Le loup m'a fait disparaître, je suis
6. Je suis devenu le serviteur d'Ivan, je suis

date : ,

Ivan ne put résister et emporta l'oiseau dans sa cage.
Aussitôt, les cloches de la forteresse sonnèrent et les gardes rattrapèrent Ivan. Ils l'amenèrent à leur tzar, le tzar Afrone. Le tzar en colère demanda :
– Qui es-tu ? Que viens-tu faire ?

– Je suis le fils du tzar Démian, je m'appelle Ivan Tzarévitch. Je suis venu chercher votre oiseau de feu qui pille nos pommes en or.
– Ah ! Si tu étais venu me trouver et m'expliquer cela, je t'aurais offert mon oiseau. Maintenant tu n'es qu'un voleur. Écoute bien ceci, si tu me rends un service, je te pardonnerai et tu auras mon oiseau. Va chez le tzar Dalmat et ramène-moi sa fille, Hélène-la-Belle, nous devons bientôt nous marier.

1 **Colorie** les mots qui désignent les personnages selon le code couleur.

- le tzar Démian
- Ivan
- l'oiseau de feu
- le tzar Afrone

2 **Écris** les *mots fréquents* de l'Épisode 5.

i u q

j e

ch ez

s ou ~~n~~ n

3 **Écris** les mots correspondant aux dessins en t'aidant de l'Épisode 5.

4 **Écris** la suite.

parce que | parce qu'il | parce qu'elle

1. Ivan a emporté la cage parce

2. Le tzar Afrone est en colère parce

date : ,

in è | ain

Pour commencer **Propose une écriture**

Recopie maintenant les mots tels qu'ils sont écrits au tableau.

1 **Classe** les mots dans la bonne colonne.

la semaine | le pain | demain | la laine | la fontaine | la dizaine | aîné | le lendemain | le train | le capitaine | un copain | soudain

in comme dans 5	
1.	4.
2.	5.
3.	6.

è comme dans 	
1.	4.
2.	5.
3.	6.

2 **Recopie** la phrase en remplaçant le mot barré par le bon personnage.

L'oiseau de feu | Les gardes

1. ~~Ils~~ amenèrent Ivan au tzar Afrone.

2. « ~~Il~~ pille nos pommes en or ».

3 **Écris** dans l'ordre la phrase qui résume l'épisode.

pardonnera le vol | Le tzar Afrone | lui ramène | si Ivan | Hélène-la-Belle.

date : ,

L'oiseau de feu et le loup gris — Épisode 6

Le loup gris franchit les grilles et attendit, caché dans les buissons du jardin.
Le soir, la princesse sortit se promener accompagnée de ses servantes. Alors qu'elle se penchait pour sentir une fleur, le loup bondit et la renversa sur son dos.
Les servantes criaient toutes au secours mais personne ne comprit ce qui s'était passé.
Et… le loup s'enfuit.

Hélène sur le dos, il retrouva Ivan Tzarévitch.
– Monte vite, les gardes nous poursuivent déjà.
Ivan Tzarévitch prit la princesse dans ses bras et enfourcha le loup qui prit le chemin du retour.
Les pattes dévoraient l'espace et la queue effaçait les traces.
C'est alors que le regard du jeune tzarévitch croisa celui de la princesse et ils tombèrent amoureux l'un de l'autre. À l'approche du royaume du tzar Afrone, Ivan pleurait à chaudes larmes.

1 Sépare chaque phrase par un trait rouge.

Il y a ☐ phrases dans l'Épisode 6.

Il y a ☐ lignes dans l'Épisode 6.

2 Entoure en vert les lettres muettes des 4 premières phrases.

3 Copie ce que dit le loup.

4 Écris la suite.

parce que | parce qu'il | parce qu'elle

1. Les servantes criaient toutes au secours parce

2. Ivan pleurait à chaudes larmes parce

date :

Pour commencer Écris les syllabes dictées.

1. ____ 2. ____ 3. ____ 4. ____ 5. ____
6. ____ 7. ____ 8. ____ 9. ____ 10. ____

1 **Classe** les mots dans la bonne colonne.

la peinture | pleine | le frein | la peine | le sein | plein | la neige

è comme dans 	in comme dans 5
1. ____	1. ____
2. ____	2. ____
3. ____	3. ____
	4. ____

2 **Recopie** ce qui est vrai.

Ivan et Hélène tombent amoureux.	Le loup et Hélène tombent amoureux.	Le loup et Ivan tombent amoureux.

3 **Complète** avec les mots suivants.

alors | Le soir | Puis | et

________, la princesse sortit se promener ;

c'est ________ que le loup mit Hélène sur son dos ________

retrouva Ivan. ________ ils prirent la fuite.

– Pourquoi pleures-tu, Ivan Tzarévitch ? demanda le loup.
– Hélène et moi, nous nous aimons. Je n'ai que faire de l'oiseau de feu.
– J'ai promis de te servir fidèlement, alors je vais me transformer en Hélène-la-Belle et tu m'échangeras au tzar Afrone contre l'oiseau de feu.
Soulagés, ils se remirent en route. *Les pattes dévoraient l'espace et la queue effaçait les traces.*

Au moment où Ivan reconnut la forteresse du tzar Afrone, le loup s'arrêta d'un coup et leur dit :
– Écoutez-moi bien : Hélène restera sous un bouleau. Toi, Ivan, tu m'amèneras au tzar Afrone et tu m'échangeras contre l'oiseau de feu. Puis, tu prendras la fuite avec Hélène. Je vous rattraperai plus tard.
C'est alors que le loup gris fit une virevolte et se transforma en Hélène-la-Belle. Hélène-la-Belle et Hélène-le-loup se ressemblaient comme des jumelles.

1 Souligne ce que disent les personnages selon le code couleur.

- le loup
- Ivan

2 Découpe les mots en syllabes en traçant des arcs.

fidèlement
Hélène-la-belle
espace
la queue

3 Entoure les lettres qui font (s) comme dans 6 et **écris**-les.

elle effaçait	le garçon	il prononça
les traces	cette	la recette
hélas	immense	ensemble
la forteresse	la Russie	il connaissait
attention	la potion	la récréation

(s)	
1. ______	
2. ______	
3. ______	
4. ______	
5. ______	

4 Barre les 4 *mots tordus* et **écris**-les correctement.

Hélène restera sous un rouleau. Ivan amènera Hélène-le-loup

______

au tzar Afrone et l'échappera contre l'oiseau de fer.

______

Puis ils prendront la suite.

______

date : ,

s | s ss c ç tion

Pour commencer Écris les *mots fréquents.*

1 | 2 | 3 | 4 | 5

1 Écris les mots sous les dessins correspondants.

un masque | la maison | un caleçon | le garçon | la potion | une chaussette | une addition | des poils | la poire | attention ! | une chaussure | le poteau

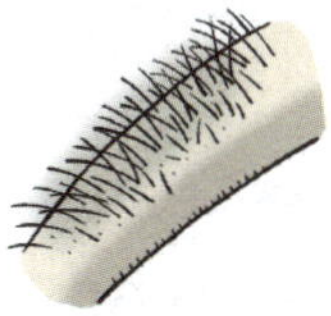

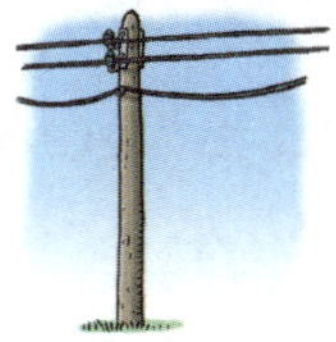

2 Écris les mots en t'aidant des syllabes.

çon | rai | con | cou | sin | ssin | bal | gla

3 Réécris les phrases en remplaçant les mots barrés.

Le loup | Ivan et Hélène-la-Belle | Ivan, le loup et Hélène

~~Ils~~ s'aimaient.

~~Ils~~ se mirent en route.

~~Il~~ ressemblait à Hélène.

date :

Ivan Tzarévitch mena Hélène au tzar Afrone. En les voyant, le tzar vint à leur rencontre et remercia Ivan pour le service rendu. Il lui offrit l'oiseau de feu dans sa cage et l'invita à rester pour le mariage. Mais Ivan était pressé de quitter le tzar en si belle compagnie. Pour la fête, on invita les tzars les plus puissants, on appela les meilleurs musiciens et les cuisiniers préparèrent des plats exquis.

Au milieu du repas, les invités disaient en chœur :
– Vive les mariés, vive le tzar Afrone, vive Hélène-la-Belle…
Le tzar voulut alors embrasser Hélène-la-Belle, mais au lieu de sentir ses douces joues, il sentit les babines poilues du loup gris.
Le tzar Afrone hurla, l'horreur envahit la salle et le loup en profita pour s'enfuir.

1 Colorie les mots qui désignent les personnages selon le code couleur.

- Hélène
- Ivan
- l'oiseau de feu
- le loup
- le tzar Afrone

2 Découpe les mots en syllabes en traçant des arcs.

il remercia
compagnie
il hurla
il profita

3 Écris les mots correspondant aux dessins en t'aidant de l'Épisode 8.

 ______

 ______

 ______

4 Complète avec le mot qui convient.

le | la | l' | les

____ invité	____ mariage	____ joue	____ fête
____ joues	____ loup	____ musiciens	____ salle
____ babine	____ service	____ horreur	____ tzars

date :

Pour commencer Écris les mots en t'aidant des syllabes.

cien cein dien nille ma ture che gi in

1 **Choisis** le titre qui convient le mieux à l'Épisode 8 et **copie**-le.

1. Le mariage d'Ivan
2. Le mariage du tzar Afrone et d'Hélène-la-Belle
3. Le ridicule mariage du tzar Afrone
4. La splendide fête

2 Qui suis-je ?

1. J'amène Hélène au tzar Afrone, je suis
2. Le tzar Afrone va m'embrasser, je suis
3. Je crois me marier à Hélène-la-Belle, je suis
4. J'ai les babines poilues, je suis

3 **Colorie** la suite que tu préfères et **illustre**-la.

1. Le loup rattrapa Ivan et Hélène et les accompagna jusqu'au château du tzar Démian.

2. Les gardes attrapèrent le loup et le jetèrent en prison.

Hélène-la-Belle et Ivan se mirent en marche pour atteindre le château du tzar Démian. Ils visitèrent leur futur royaume, traversant les prairies en fleurs. Ils s'arrêtèrent à une source pour se rafraîchir. Ivan et Hélène-la-Belle s'allongèrent sur la douce mousse et… s'endormirent avec le chant des oiseaux.

Mais voilà, Vladimir qui rentrait lui aussi, aperçut du haut de son cheval, l'oiseau de feu brillant de mille éclats. En s'approchant, Vladimir découvrit une scène qui le rendit fou de rage : il comprit que son frère Ivan allait devenir le tzar et se marierait à une très belle princesse.
Ne supportant cette idée, Vladimir Tzarévitch s'empara de la cage et disparut silencieusement.

1 **Colorie** les mots qui désignent les personnages selon le code couleur.

- Hélène
- Ivan
- Hélène et Ivan
- Vladimir
- le tzar Démian

2 **Entoure** les lettres muettes des troisième et quatrième phrases.

3 **Complète** avec le mot qui convient.

le | la | les | l'

______ château	______ oiseau	______ oiseaux
______ prairies	______ mousse	______ princesse

4 **Classe** les mots dans la bonne colonne.

le camion | un grain | un sapin | vilain | une question | un avion | un lapin

une chanson | onze | loin | la pointe | un nombre | moins | un mouton

in comme dans 	ion comme dans 	on comme dans 	oin comme dans 
1. ______	1. ______	1. ______	1. ______
2. ______	2. ______	2. ______	2. ______
3. ______	3. ______	3. ______	3. ______
4. ______		4. ______	

date :

Pour commencer Écris les syllabes dictées.

1 ______ 2 ______ 3 ______ 4 ______ 5 ______

6 ______ 7 ______ 8 ______ 9 ______ 10 ______

1 Complète les mots en t'aidant des syllabes suivantes.

tion tion rron sson lon pan poin

un poi______ un ______ta______ des ______tillés

une addi______ ma______ une ques______

2 Écris la phrase dictée en t'aidant des modèles.

Ivan Vladimir belle aperçut princesse

3 Écris les phrases dans l'ordre pour résumer l'épisode.

1. et Hélène-la-Belle s'endormirent . Ivan douce mousse sur la

2. Vladimir la cage vola disparut. et

date :

L'oiseau de feu et le loup gris Épisode 10

À leur réveil, le loup gris surgit :
– Que fais-tu là, loup gris, où est l'oiseau de feu ?

Il devint un très grand tzar et eut, avec sa femme Hélène-la-Belle, deux fils.

1 Reconstitue le texte. page 81

2 Écris les *mots fréquents* de l'Épisode 10.

1. s ou t
2. n u e
3. o n s

3 Barre les 6 *mots tordus* et **écris**-les correctement.

J'arrive du râteau de ton père, une grande bête aura lieu demain pour boulonner Vladimir. Le tzar Démian raconte à tout le royaume que c'est ton nerf qui a capitulé l'oiseau de jeu.

4 Écris la suite.

parce que | parce qu'il | parce qu'elle

Le tzar Démian chasse Vladimir parce

date :

Pour commencer Écris les syllabes dictées.

1 ______ 2 ______ 3 ______ 4 ______ 5 ______

6 ______ 7 ______ 8 ______ 9 ______ 10 ______

1 **Complète** avec les noms de personnages.

Ivan | Vladimir | le loup

J'ai menti à mon père. J'ai dérobé l'oiseau de feu. Je suis ______	J'ai volé le cheval d'Ivan. Le tzar Afrone a voulu m'embrasser. Je suis ______	Je suis amoureux d'Hélène. Je suis devenu l'ami du loup. Je suis ______

2 **Complète** le résumé à l'aide des mots suivants.

il | que | le | au | de | son | et | Au | de

______ réveil, ______ loup gris raconta ______ Vladimir allait devenir tzar car ______ avait apporté l'oiseau ______ feu ______ tzar Démian. Ivan décida alors ______ tout expliquer à ______ père. Vladimir fut chassé ______ Ivan devint tzar.

3 **Imagine** ce que se disent le tzar Démian et Vladimir à la fin de l'histoire.

Tu m'as menti

1 Écris les règles de vie de ta classe.

AUX ÉLÈVES DE NOTRE CLASSE

IL EST DÉFENDU

2 Vrai ou faux ?

1. Les élèves apprenaient à nager sur un banc dans la cour.
2. Les élèves apprenaient à nager debout dans la cour de l'école.
3. Les élèves apprenaient à nager dans l'eau.
4. Le maître était en maillot de bain.

date :

1 **Écris** ce que désignent les flèches en t'aidant de ton manuel page 110.

©Musée National de l'Éducation-INRP-Rouen

2 **Recopie** la morale que le maître a écrit au tableau.

3 **Vrai** ou **faux** ?

1. Les élèves ont les cheveux courts.
2. Il y a 19 filles dans la classe.
3. Il y a 17 garçons dans la classe.
4. Pour apprendre à écrire, ils imitaient le maître.
5. Pour écrire, les élèves avaient un porte-plume.
6. Le bureau du maître se trouvait derrière les élèves.

page 76

Le soir même, Ivan raconta ses aventures à son père. Il appela aussitôt Vladimir qui avoua sa trahison. Le tzar Démian chassa aussitôt le fils qui avait menti. Le lendemain, c'est Ivan qui fut couronné.

– J'arrive du château de ton père. Une grande fête aura lieu demain pour couronner Vladimir. Le tzar Démian raconte à tout le royaume que c'est ton frère qui a courageusement capturé l'oiseau de feu.

Le loup gris invita alors une dernière fois Ivan et Hélène-la-Belle à monter sur son dos. Ils prirent la direction du château. *Les pattes dévorèrent l'espace et la queue effaça les traces.*

En arrivant, Ivan remercia cent fois son ami. Ivan et Hélène dirent adieu au loup gris.

page 56

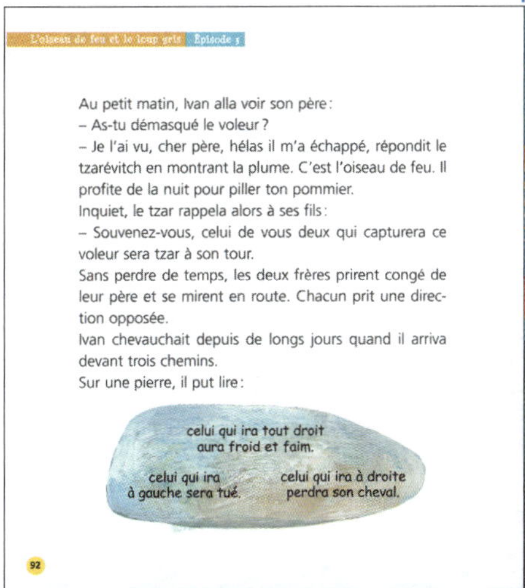
L'oiseau de feu et le loup gris | Épisode 3

Au petit matin, Ivan alla voir son père :
– As-tu démasqué le voleur ?
– Je l'ai vu, cher père, hélas il m'a échappé, répondit le tzarévitch en montrant la plume. C'est l'oiseau de feu. Il profite de la nuit pour piller ton pommier.
Inquiet, le tzar rappela alors à ses fils :
– Souvenez-vous, celui de vous deux qui capturera ce voleur sera tzar à son tour.
Sans perdre de temps, les deux frères prirent congé de leur père et se mirent en route. Chacun prit une direction opposée.
Ivan chevauchait depuis de longs jours quand il arriva devant trois chemins.
Sur une pierre, il put lire :

92

page 49

page 47

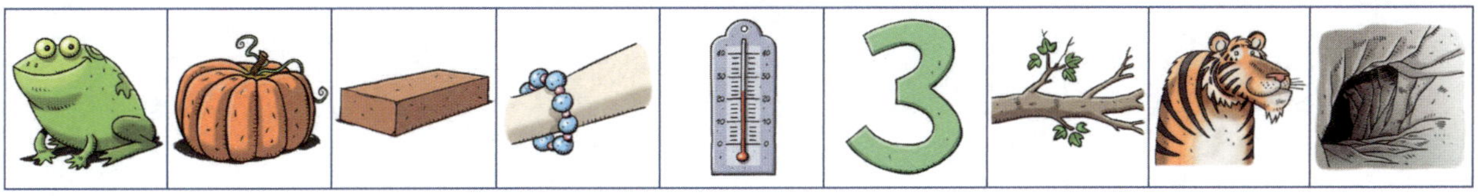

page 28

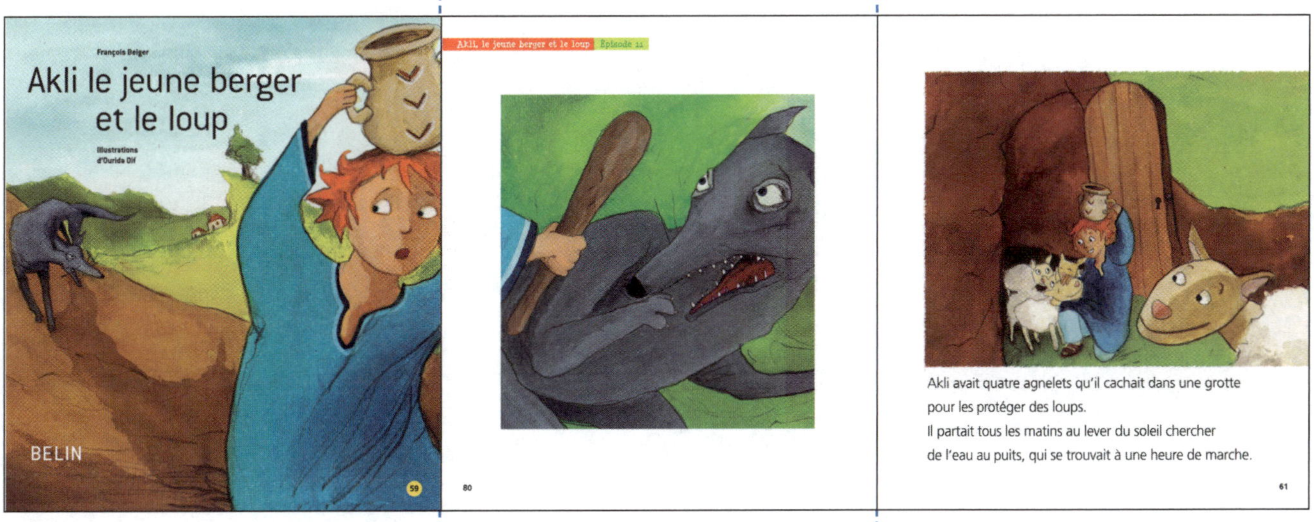

page 20

page 13

page 7

Imprimé en France par I.M.E. – 25110 Baume-les-Dames
N° d'édition : 004236-03 – Dépôt légal : juillet 2008

Des images et des poèmes
pour Simon que j'aime.
N. A.

Des poésies et de la fantaisie
pour mes parents chéris.
M. P.

ISBN : 978-2-07-517559-3

Numéro d'édition : 546138
Loi n° 46-956 du 16 juillet 1949
sur les publications destinées à la jeunesse
Dépôt légal : Mars 2023
Imprimé en Pologne par Interak

FSC www.fsc.org MIXTE Papier issu de sources responsables FSC® C015559

Nicole **AMRAM**
Marion **PIFFARETTI**

Poèmes pour rire un peu, beaucoup !

Gallimard Jeunesse

BABA LE

Ali Baba n'était pas riche
mais il était content comme ça.
Il vendait des sacs de pois chiches
que les belles dames de la casbah,
aux yeux doux comme ceux des biches,
engouffraient dans leurs cabas.

Mais un beau jour Ali vola
le fameux trésor des voleurs.
Il devint alors un homme riche
et tout le monde en fut baba.

NABAB

Dès lors que l'or qu'il déroba
emplit ses outres et potiches,
on parla ici comme là-bas,
autant à Paris qu'à Rabat,
de la caverne d'Ali Baba
et plus jamais de ses pois chiches.

Poissons d'avril

Ils ne sont pas poissons d'eau douce,
pas poissons-scies, ni poissons-chats,
pas poissons-pilotes de course,
ni p'tits poissons en chocolat…

On ne les voit pas dans les vagues.
Dans l'eau, ils ne nagent pas.
Mais en avril, ils seront là,
dans ton dos, pour faire des blagues !

CHAGRIN DU MATIN

Ce matin je n'ai pas envie
d'aller à l'école, maman.
Je préfère rester au lit
et ne pas prendre la douche
et savourer dans ma bouche
un p'tit bonbon, tranquillement.

En m'embrassant maman m'a dit :
« Ça n'se peut pas, on est lundi.
Nous ferons cela dimanche
à tout à l'heure, mon chéri ! »

Elle est montée sur son vélo,
et elle est partie au boulot
avec son écharpe blanche…

LOL !

Aujourd'hui, les baleines rigolent.
La belle baleine des îles Marquises,
la baleine blanche, la baleine grise,
le p'tit béluga des banquises,
le cachalot, la grande à bosse…
Même la baleine bleue, la plus grosse,
longue autant que deux cents enfants,
lourde autant que trente éléphants,
se fend la pêche et se gondole.

Elles rigolent comme des baleines
en se tapant sur la bedaine,
et les poissons, ça les étonne
de les voir toutes en faire des tonnes.

Les poissons, sciés, se demandent
pourquoi cette bande de gourmandes
pourquoi cette bande de gloutonnes
se bidonne, se bidonne.

C'est qu'elles ont entendu dire
que leur copine, la p'tite sirène
veut faire un régime pour maigrir.
Ça les fait pleurer de rire !

MARIAGE GAI

Une belle hippopotame
Bour et bour et ratatam
de trois mille kilogrammes
Am, stram, gram!

Aimait de toute son âme
Bour et bour et ratatam
un très gros hippopotame
Am, stram, gram!

Elle lui dit : « mon cher William,
Voulez-vous de moi pour femme ? »
Pic et pic et colégram
Am, stram, gram!

Il répondit : « oui, madame,
vos yeux bleu azur
me charment… »
Am, stram, gram!

Ils furent heureux et ils eurent
plein d'enfants hippopotames

**Am, stram,
gram, pic dam!**

PAPY EST EN HAUT

Un jour, trois petits éléphants
demandèrent à leur grand-père :
– Qu'est-ce que tu veux pour tes cent ans ?
L'aïeul répondit en anglais
parce qu'il était polyglotte :
– Je voudrais, s'il vous plaît,
un chaud cache-trompe en plumes
pour ne pas attraper le rhume,
de vraies lunettes de pilote
et un casque d'aéronaute
parce que je veux quitter la terre
en hélicoptère.

Papy s'envola dans les airs
avec ses cadeaux
et les trois éléphanteaux,
émerveillés, lui chantèrent :

« Bon anniversaire
Papy oiseau ! »

SAC À POUX

Pou, pou, pou
sale petite bête
quand tu sautes sur nos têtes
tu sais immédiatement
tout ce qui se passe dedans.

Quand tu piques la maîtresse
que tu bondis sur ses tresses
tu sais qu'elle est une princesse
et qu'elle attend tranquillement
le prince charmant.

Quand tu cours dans les cheveux
de Monsieur le Directeur
tu sais bien que ce qu'il veut
c'est que ce soit enfin l'heure
d'aller conduire son tracteur.

Dans la cour de notre école,
nous, on chante et on rigole :
Le petit pou sait ! Le petit pou sait !
Le petit pou sait tout !
Le petit pou sait ! Le petit pou sait !
Le petit pou sait tout de nous !
Et on se gratte comme des fous
POU POU PIDOU !

Moustiques moustiques

Les moustiques tic tic tic
Ça nous pique pic pic pic
Dès que j'entends leur musique
je fais de la gymnastique.
Je m'enfuis, c'est la panique !

Les moustoques toc toc toc
J'ai des cloques et ils s'en moquent.
Les moustaques tac tac tac.
Je craque quand ils m'attaquent.

Les moustiques tic tic tic
Ils me piquent pic pic pic
que je parte en Amérique
en Asie ou en Afrique.
Je m'demande qui les fabrique.
Satanés moustiques !

PAPAS PÉLICANS

Les papas pé, les papas pé,
les papas pélicans
vont à la pêche pour attraper
du poisson pour le souper.

Ils entendent leurs bébés crier :
« Hé ! papa pé, tu reviens quand ? »
Ils entendent leurs bébés piailler :
« On t'attend, papa pélican ! »

Dans l'eau, ils ouvrent leurs clapets,
les papas pé
les papas pé
les papas pélicans
ouvrent grands leurs becs pour choper
du bon poisson bien croquant.

Et quand les enfants pélicans
voient leurs papas qui s'approchent,
leurs papas pé
leurs papas pé
leurs papas pélicans
ils ne trouvent pas du tout choquant
de leur faire les poches !

HIRONDELLES

Où iront-elles, les hirondelles,
avec leur habit du dimanche ?
Où iront-elles, les hirondelles,
plumage sombre et chemise blanche ?

L'été, dans la cheminée,
elles nous apportent un cadeau :
un panier plein d'hirondeaux
qui attendent leur déjeuner.

Où iront-elles, les hirondelles,
qu'on voit au-dessus des maisons ?
Où iront-elles, les hirondelles,
quand viendra la froide saison ?

Posées sur le fil électrique
comme des notes de musique
sur une page de solfège,
elles s'envoleront pour l'Afrique
où elles chasseront les moustiques
et ne verront jamais la neige.

Elles s'en iront, les hirondelles,
plumage sombre et chemise blanche,
puis reviendront à tire-d'aile
avec leur habit du dimanche.

PROMENADE dans PARIS

Rue du Chat-Qui-Pêche, y a des souris
qui dansent autour d'un tas de riz.
J'aime les rues de Paris

Au coin de la rue des Prairies
habite un petit âne gris.
J'aime les rues de Paris

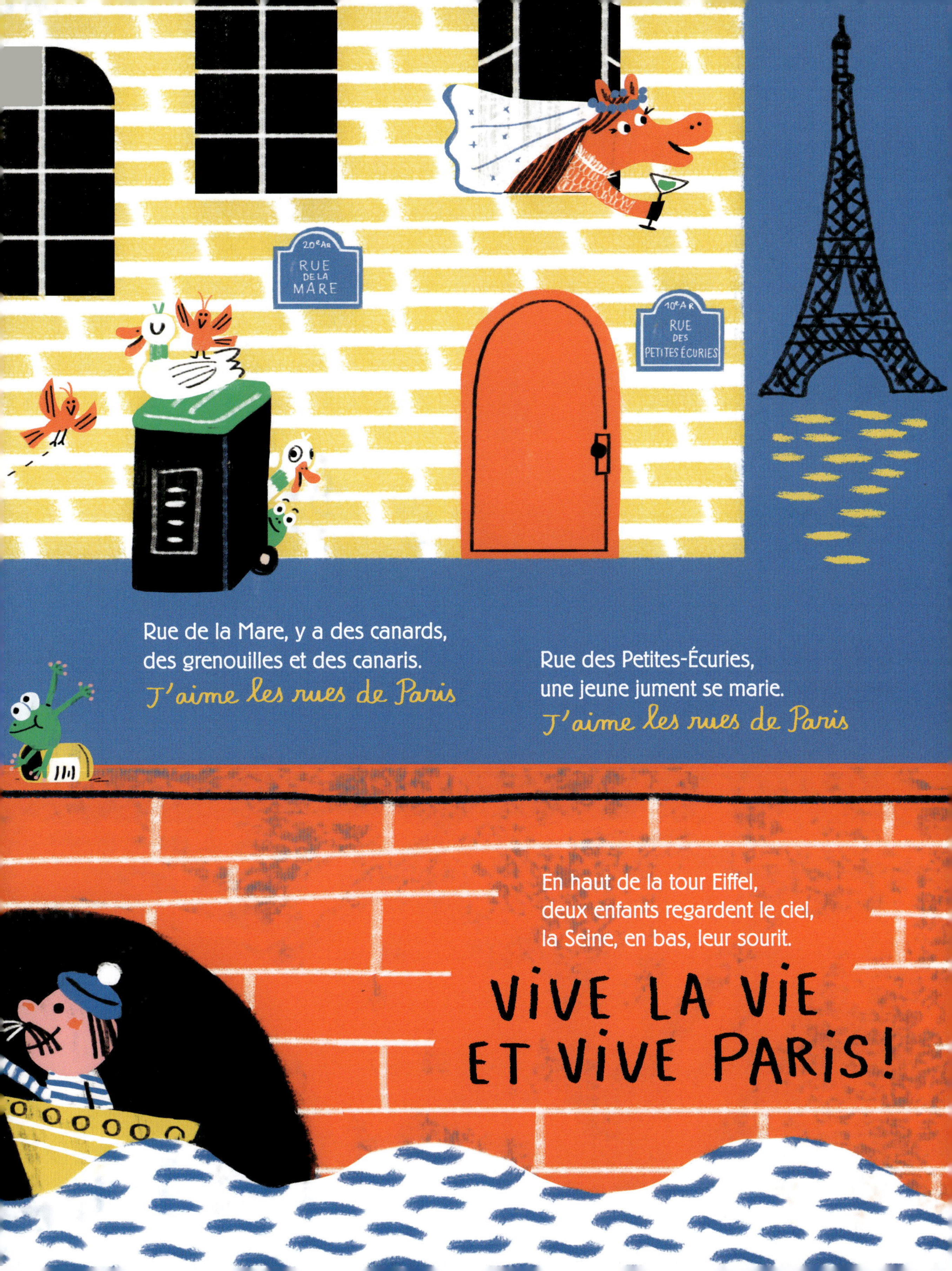

Rue de la Mare, y a des canards,
des grenouilles et des canaris.
J'aime les rues de Paris

Rue des Petites-Écuries,
une jeune jument se marie.
J'aime les rues de Paris

En haut de la tour Eiffel,
deux enfants regardent le ciel,
la Seine, en bas, leur sourit.

VIVE LA VIE
ET VIVE PARIS !

PRINCE CHAT

Aucun chat, croyez-moi,
n'est plus charmant que mon chat
qui, bien qu'il n'ait pas de bottes,
est d'une grande beauté,
et, quoiqu'il n'ait pas de culotte,
est sacrément culotté.
Avec son manteau de fourrure
et ses jolies oreilles pointues,
c'est un gros matou moustachu,
tout doux, tout dodu.

Mais l'homme qui s'amouracha
de lui et me le chaparda,
fut fâché car il s'échappa
du château où il l'attacha.
Mon cher chat alors me chercha
et vint ronronner dans mes bras.
RON ! RON ! RON ! AH ! AH ! AH !
Il m'épate ce chat-là !

PAUSE DEVINETTE

Je suis fille d'une reine
mais je n'ai pas de couronne !
J'ai une jolie paire d'antennes
et mon corps est noir et jaune.

Je danse devant mes copines
pour leur dire où sont les fleurs.
Je bourdonne, je butine
pour nourrir mes petites sœurs.

L'été, je reste des heures
à me régaler d'églantines.
Je fais du miel pour tes tartines,
mais, parfois, je te fais peur !
Quand l'hiver gèle le décor,
très fatiguée, je m'endors.

Née dans une famille nombreuse,
je suis petite et travailleuse.
Tu as deviné maintenant ?
Je suis l'abeille, évidemment !

Cigale et Fourmi

La cigale chantait, l'été,
toute la nuit, devant les gens.
Elle swinguait, faisait la fête,
jetait ses euros par les fenêtres
et elle n'avait plus d'argent.

La fourmi travailleuse
avait des économies
mais elle n'avait pas d'amis
et elle était malheureuse.

Un grand soir, c'était l'hiver,
la fourmi et la cigale
discutèrent toutes les deux.
Patte dessus, patte dessous,
elles s'en allèrent chercher des sous
à la carte bleue.
Alors, sous le ciel plein d'étoiles
Mam'zelle Fourmi, Mam'zelle Cigale
Mam'zelle Cigale, Mam'zelle Fourmi
sont devenues des amies.

FOURMILIER FAMILIER

Chacune a quelque chose à faire :
mille fourmis noires fourbues
travaillent dur pour leur tribu
sur le sol et sous la terre.

Non loin de là, dans sa tanière,
le grand tamanoir griffu,
tout touffu, tout touffu,
se repose sur son derrière.

Dès que midi a sonné,
il se lève pour donner
un gigantesque coup de nez
dans la fourmilière.

Puis il déroule le serpentin
de sa longue langue collante
pleine de salive gluante
et il avale son festin.

Il dévore toute la colonie…
Slurp ! La reine ! Les ouvrières !
On dirait qu'il en est fier.
En plus, il n'est même pas puni !

SEMAINE PLEINE

Lundi, à l'école des oiseaux,
on chante, on danse sous le préau.

Mardi, la maîtresse éléphant
raconte une histoire aux enfants.

Mercredi, à la garderie,
atelier peinture pour les souris.

Jeudi, au dortoir des marmottes,
après la sieste, tout le monde papote.

Vendredi, la classe des koalas
mange du gâteau au chocolat.

Samedi, les ours font leurs courses.

Dimanche,
les baleines se promènent
et c'est la fin de la semaine !

LES OISEAUX DE COCO

Ils ne mangent pas des asticots,
les colibris de Coco.
Elle les nourrit de bonnes graines
dans sa bicoque au bord de l'eau.

On ne trouve pas dans le dico
les mots qu'elle dit et qu'ils comprennent,
ces cocodettes cocodeaux,
et leurs échanges musicaux.

Lorsqu'ils pépient et qu'ils picorent,
cocodettes cocodeaux,
ce sont ces tout petits oiseaux
aux gorges rouge coquelicot
qui font la joie de Coco.

MAMAN TORTUE

Maman tortue nage, nage
dans les eaux vertes et bleues.
On voit ses pattes qui dépassent,
on voit sa tête sans cheveux
sortir de sa carapace.

Maman tortue a du courage.
Elle a fait un long voyage
parmi les flots dangereux
pour aller cacher ses œufs
dans le sable, sur la plage.

Maman tortue nage la brasse.
On voit sa tête sans cheveux
sortir de sa carapace.
On voit ses pattes qui dépassent
dans l'océan vert et bleu.

GENDARMETTE

C'est l'printemps, la marmotte s'éveille.
Elle se met debout sur une pierre
et elle se réchauffe au soleil.
Sa patte avant en visière,
elle surveille, elle surveille.
Sa patte avant en visière,
on dirait une policière.

Elle siffle, siffle, siffle si
quelqu'un qui n'est pas d'ici
se promène, mains dans les poches.

Elle siffle, siffle, siffle aussi
si son marmotton étourdi
n'a pas vu l'aigle qui approche.

Elle dévore durant l'été
de l'herbe en grande quantité,
des araignées et quelques vers.
Cela lui permet de jeûner
et de faire la grasse matinée
toute la nuit et toute la journée
pendant ses quartiers d'hiver.